insel taschenbuch 4835

John Keats

Sanfte Träume hält der Tag bereit

John Keats, geboren am 31. Oktober 1795 in London, war neben Lord Byron und Percy Shelley der bedeutendste Vertreter der englischen Romantik. Im Mittelpunkt seiner Gedichte und Briefe steht seine Geliebte Fanny Brawne. Es ist eine Liebe, die in der frühen englischen Klassengesellschaft zum Scheitern verurteilt scheint: Zu groß sind die Unterschiede zwischen der jungen Schneiderin und dem höchst begabten, aber schwermütigen Dichter. Meist voneinander getrennt, bleibt den Liebenden nur ihr inniger Briefwechsel, um einander nahe zu sein. In seinen Oden, Sonetten und Balladen besingt Keats die Geliebte. Noch jung verstirbt Keats am 23. Februar 1821 fernab von Fanny Brawne einsam in Rom. Die posthume Publikation der Briefe führte in England zum Skandal.

JOHN KEATS

SANFTE TRÄUME HÄLT DER TAG BEREIT

DIE SCHÖNSTEN BRIEFE UND GEDICHTE

Mit einem Nachwort von Jane Campion

INSEL VERLAG

Erste Auflage 2021
insel taschenbuch 4835
Insel Verlag Berlin 2021

Vertrieb durch den Suhrkamp Taschenbuch Verlag
Umschlaggestaltung: Brian Barth, Berlin
Satz: Satz-Offizin Hümmer GmbH, Waldbüttelbrunn
Druck: CPI books GmbH, Leck
Printed in Germany
ISBN 978-3-458-68135-9

Inhalt

Gedichte

John Keats
Briefe an Fanny Brawne

1819-1820

Shanklin, Insel Wight, Donnerstag
[1. Juli 1819]

Teuerste Frau,

ich bin froh, daß ich keine Gelegenheit hatte, einen Brief abzusenden, den ich Dienstag abend für Dich schrieb – er glich zu sehr einem aus Rousseaus Heloïse. Heute morgen bin ich vernünftiger. Der Morgen ist für mich die einzig richtige Zeit, um einem schönen Mädchen zu schreiben, das ich so sehr liebe, denn am Abend, wenn der einsame Tag beendet ist und das einsame, stille, musiklose Zimmer wartet, um mich wie in einer Gruft aufzunehmen, dann – glaub mir – gerät meine Leidenschaft völlig außer Rand und Band, dann wünsche ich nicht, daß Du die Rhapsodien sähest, deren Losströmen ich bei mir niemals für möglich gehalten und die ich oft bei anderen verlacht habe, aus Angst, Du könntest mich entweder für unglücklich oder für ein wenig verrückt halten. Ich sitze jetzt an einem sehr angenehmen Landhausfenster, durch das man auf eine schöne hügelige Landschaft mit einem Streifen Meer sieht. Der Morgen ist herrlich. Ich weiß nicht, wie elastisch mein Geist sein könnte, was für ein Vergnügen ich finden könnte, wenn ich an dieser schönen Küste lebte, atmete und frei wie ein Hirsch herumstriche, falls die Erinnerung an Dich nicht so schwer auf mir läge. Nie habe ich ungetrübtes Glück durch viele Tage gekannt: der Tod oder die Krankheit irgend jemands haben mir immer meine Stunden verdorben – und jetzt, da mich keine solchen Sorgen drücken, bist Du es, die ungern bekennen muß, daß eine andere Art von Schmerz mich verfolgen soll. Frag Dich selbst, Liebste, ob es von Dir nicht sehr grausam ist, mich so gefesselt, meine Freiheit so zerstört zu haben. Willst Du dies in dem Briefe gestehen, den Du sofort schreiben mußt, und alles tun, was Du kannst, um mich zu trösten – so mach den Brief üppig wie einen Mohntrunk, um mich zu betäuben – schreib die sanftesten Worte und küsse sie, daß ich wenigstens meine Lippen dorthin drücken kann, wo Deine waren. Ich selbst weiß nicht, wie ich meine Verehrung für eine so herrliche Erscheinung ausdrücken soll: Ich brauche ein freudigeres Wort als freudig, ein herrlicheres Wort als herrlich. Ich wünsche beinahe, wir wären Schmetterlinge und lebten nur drei Sommertage – drei solche Tage mit Dir könnte ich mit mehr Entzücken füllen als fünfzig gewöhnliche Jahre jemals enthalten könnten. Aber wie selbstisch ich auch fühlen mag, ich könnte sicherlich niemals selbstisch handeln. Wie ich einen oder zwei Tage vor meiner Abreise von Hampstead sagte, werde ich niemals nach London zurückkehren, wenn mein Schicksal nicht den Treffbuben oder wenigstens eine andere Figur aufschlägt. Obwohl ich mein Glück in Dir konzentrieren könnte, kann ich nicht erwarten, daß ich Dein Herz so völlig an mich ziehe – in der Tat, wenn ich glaubte, Du fühltest für mich so viel wie ich für Dich in diesem Augenblick, ich denke nicht, daß ich mich enthalten könnte, Dich morgen wiederzusehen, um das Entzücken einer einzigen Umarmung zu genießen. Aber nein – ich darf nicht von Hoffnung und Zufall leben. Im Falle des Schlimmsten, das sich ereignen kann, werde ich Dich dennoch lieben – aber welchen Haß werde ich gegen einen andern haben! Einige Zeilen, die ich neulich las, klingen mir immer im Ohr:

> Zu sehn, daß diese Augen, die ich preise,
> verheißen einem andern Gunst –
> und diese süßen Lippen (nektarspendend)
> von einem andern sanfte Küsse spüren –
> Denk, denk Francesca, welch verruchtes Tun
> dies wäre über alle Maßen.

Schreib doch sofort. Hier ist keine Post, daher mußt Du adressieren: Postamt Newport, Insel Wight. Ich weiß, daß ich mich noch vor Abend verwünschen werde, weil ich Dir einen so kühlen Brief geschrieben habe, doch es ist besser, es so vernünftig wie möglich zu tun. Sei so gütig, wie die Entfernung es zuläßt mit

Deinem

J. Keats.

Bitte empfiehl mich Deiner Mutter, grüß mir Margaret und Deinen Bruder.

8. Juli [1819]

Mein süßes Mädchen,

Dein Brief entzückte mich mehr, als irgend etwas in der Welt außer Dir es könnte. Wirklich, ich bin beinahe erstaunt, daß ein Abwesender eine so ausgedehnte Macht über meine Sinne haben kann, wie ich sie verspüre. Selbst wenn ich nicht an Dich denke, dringt Dein Einfluß zu mir, und ein sanfteres Wesen überkommt mich. Ich bemerke, daß alle meine Gedanken, meine unglücklichsten Tage und Nächte mich durchaus nicht von meiner Liebe zur Schönheit geheilt, sondern sie so gesteigert haben, daß ich unglücklich bin, weil Du nicht bei mir bist – oder besser gesagt: Ich atme in jener schläfrigen Art von Geduld, die nicht Leben genannt werden kann. Niemals wußte ich vordem, was eine Liebe wäre, wie Du sie mich fühlen läßt; ich glaubte nicht daran; meine Einbildungskraft scheute sich davor, damit sie mich nicht verbrenne. Aber wenn Du mich völlig lieben willst, wird es trotz ein wenig Feuer nicht mehr sein, als wir vertragen können, wenn wir taufeucht von Vergnügen sind. Du erwähntest »schreckliche Leute« und fragst mich, ob es von ihnen abhängt, daß ich Dich wiedersehe. Versteh mich darin, Liebste. Ich habe so viel von Dir in meinem Herzen, daß ich zum Mentor werden muß, wenn ich bemerke, daß Dir Leid zustoßen kann. Ich wünschte niemals etwas anderes zu sehen als Freude in Deinen Augen, Liebe auf Deinen Lippen und Glück in Deinen Schritten. Ich wünschte Dich jenen Vergnügungen nachhängen zu sehen, die Deinen Neigungen und Gedanken entsprechen, so daß unsere Liebe eher inmitten der Freude ein völliges Entzücken als eine Zuflucht von Ärger und Sorgen sein könnte. Aber ich zweifle stark, ob ich im schlimmsten Falle genug *Philosoph* sein könnte, um meine eigenen Lehren zu befolgen: wenn ich sähe, daß mein Entschluß Dich schmerzte, würde ich es nicht können. Warum darf ich nicht von Deiner Schönheit sprechen, da ich ohne sie Dich niemals geliebt haben würde? Ich kann mir als Beginn einer Liebe, wie ich sie für Dich empfinde, nur Schönheit vorstellen. Es mag eine Art von Liebe geben, für die ich ohne den geringsten Spott die höchste Anerkennung habe und die ich bei andern bewundern kann: aber sie hat nicht den Reichtum, den Duft, die volle Form, den Zauber der Liebe meines eigenen Herzens. Daher laß mich von Deiner Schönheit sprechen, wenn ich mich dadurch auch selbst gefährde, wenn Du auch gegen mich so grausam sein könntest, anderswo ihre Macht zu versuchen. Du sprichst von Deiner Furcht davor, daß ich denken werde, Du liebtest mich nicht. Indem Du dies sagst, stärkst Du mein schmerzliches Verlangen, bei Dir zu sein. Ich mache hier fleißig Gebrauch von meinen Fähigkeiten, ich verbringe keinen Tag, ohne einige regellose Blankverse hinzuschreiben oder einige Reime zusammenzustoppeln; und hier muß ich gestehen, daß (da ich einmal bei diesem Thema bin) ich Dich infolge des Glaubens, Du liebtest mich um meiner selbst willen und um sonst nichts, um so mehr liebe. Ich traf mit Frauen zusammen, von denen ich wirklich glaube, sie hätten sich gern an ein Gedicht verheiratet oder einem Roman hingeben lassen. Ich habe Deinen Kometen gesehen und wünsche nur, es wäre ein Zeichen dafür gewesen, daß der arme Rice, dessen Krankheit ihn zu einem ziemlich melancholischen Gefährten macht, gesund würde, und dies um so mehr, als er seine Gefühle bekämpft und mit gewaltsamem Witz vor mir zu verbergen sucht. Ich küßte Dein Schreiben ab in der Hoffnung, Du hättest mir meinen Willen getan, indem Du eine Spur Honig zurückließest. Was war Dein Traum? Erzähl ihn mir, und ich will Dir seine Erklärung geben.

Immer Dein, meine Liebe!

John Keats.

Beschuldige mich nicht der Verzögerung – wir haben hier keine Gelegenheit, jeden Tag Briefe abzuschicken. Schreibe bald.

Shanklin Donnerstag abends
[15. Juli 1819]

Mein Lieb,

mein Gesundheitszustand während der letzten zwei oder drei Tage war so schwankend, daß ich nicht glaubte, Dir diese Woche noch schreiben zu können. Nicht daß ich sehr krank war, aber doch so viel, um nur eines ungesunden, quälenden Briefes fähig zu sein. Heute abend bin ich zum größten Teil wiederhergestellt, aber nur um die Sehnsucht nach Dir erglühen zu fühlen. Du sagst, Du hättest mich vielleicht besser machen können: Du würdest mich aber dann schlechter gemacht haben. Jetzt könntest Du wirklich Heilung bringen. Was für ein Honorar, mein lieblicher Arzt, würde ich nicht geben, damit Du es tust! Nenn es nicht Narretei, wenn ich Dir erzähle, daß ich Deinen Brief gestern nacht mit mir zu Bette nahm. Morgens fand ich Deinen Namen am Siegelwachs verwischt. Ich war bestürzt durch das böse Omen, bis ich mich erinnerte, daß es in meinen Träumen geschehen sein mußte, und diese – wie du weißt – erfüllen sich im Gegenteil. Du mußt jetzt schon herausgefunden haben, daß ich ein wenig dazu neige, Schlimmes zu verkünden wie der Rabe; es ist mein Unglück, nicht mein Fehler; es ging hervor aus der allgemeinen Art meiner Lebensumstände und machte jedes Ereignis verdächtig. Doch will ich weder Dich noch mich selbst länger mit traurigen Prophezeiungen quälen, obwohl es mir soweit angenehm ist, als es mir Gelegenheit gegeben hat, Deine Unparteilichkeit gegen mich zu lieben. Ich kann nicht länger mehr ein Rabe sein; Du und die Freude ergreifen Besitz von mir im gleichen Augenblick. Ich fürchte, Du warst unwohl. Wenn Dich Krankheit durch mich berührt hat (aber es muß mit sehr sanfter Hand sein), muß ich selbstisch genug sein, um mich ein wenig darüber zu freuen. Willst Du mir das verzeihen? Ich las neulich eine orientalische Erzählung von sehr schönem Kolorit. – Sie handelt von einer Stadt melancholischer Männer, die es alle durch folgenden Umstand wurden. Nach einer Zahl von Abenteuern erreicht jeder von ihnen der Reihe nach Gärten des Paradieses, wo sie eine höchst bezaubernde

Frau treffen; und gerade, als sie sie umarmen wollen, gebietet sie ihnen, die Augen zu schließen – sie schließen sie –, und als sie die Augen wieder öffnen, finden sie sich in einem Zauberkorb zur Erde herabgleiten. Die Erinnerung an diese Frau und ihre Verzückungen, die jedem Wiedererstehen verloren sind, machen sie für immer melancholisch. Wie ich dies auf Dich anwendete, meine Liebe; wie ich davor zitterte; wie die Gewißheit, daß Du in der gleichen Welt mit mir bist, und obwohl so schön, nicht so zauberisch wie diese Frau; wie ich es nicht ertragen konnte, daß Du so wärst: mußt Du glauben, denn ich schwöre es bei Dir selbst. Ich kann nicht sagen, wann ich einen Band fertig haben werde. Ich habe drei oder vier Erzählungen halb beendet, aber da ich nur für den Druck nicht schreiben kann, bin ich gezwungen, sie fortschreiten oder ruhen zu lassen, wie es meiner Phantasie gefällt. Weihnachten können sie vielleicht erscheinen, aber ich bin nicht sicher, ob sie jemals erscheinen werden. Es wird nichts daran liegen, denn Gedichte sind allgemein wie Zeitungen, und ich sehe nicht ein, warum es bei mir ein größeres Verbrechen ist als bei einem anderen, die Verse eines halb-flüggen Hirns in die Lesezimmer und Gesellschaftszimmerfenster taumeln zu lassen. Rice war in der letzten Zeit wohler als gewöhnlich. Er leidet nicht an Vernachlässigung durch seine Eltern, die seit einigen Jahren imstande sind, ihn besser zu verstehen, als sie es in seiner ersten Jugend konnten, und sich nun seinem Wohlergehen widmen. Wenn meine Gesundung während der Nacht anhält, will ich morgen weiter hierherum Umschau halten und nach den Gesellschaften aussehen, die zur Jagd auf Malerisches kommen wie Spürhunde. Es ist erstaunlich, wie sie Szenerie hinabschlucken wie Kinder Süßigkeiten. Der seltsame Bergrükken hier ist ein sehr großer Löwe: ich wünsche, ich hätte so viele Goldstücke als Ferngläser auf ihn gerichtet waren. Ich war diese letzte Stunde in prächtiger Laune, ich kann nicht sagen warum. Was für ein Grund? Wenn ich meine Kerze nehmen und mich in ein einsames Zimmer zurückziehen muß, ohne den Gedanken beim Einschlafen, daß ich Dich morgen sehen werde? oder am nächsten Tag – oder am nächsten – es gewinnt den Anschein von Unmöglichkeit und Ewigkeit – ich will sagen einen Monat – ich will sagen, ich werde Dich längstens in einem Monat sehen, obgleich niemand außer Dir mich sehen soll; wenn es auch nur für eine Stunde wäre. Ich wäre nicht gern so nahe bei Dir wie London, ohne ständig mit Dir zu sein: nachdem ich Dich noch einmal geküßt hätte, Süße, wäre ich lieber hier allein bei meiner Arbeit als im Getriebe und im verhaßten literarischen Schnickschnack. In der Zwischenzeit mußt Du mir schreiben – wie ich es jede Woche tun will –, denn Deine Briefe erhalten mich am Leben. Mein süßes Mädchen, ich kann meine Liebe zu Dir nicht aussprechen. Gute Nacht! und

Immer Dein

John Keats.

Sonntag abends
[25. Juli 1819]

Mein süßes Mädchen,

ich hoffe, Du machtest mir nicht allzugroße Vorwürfe, daß ich Deine Bitte um einen Brief am Samstag nicht erfüllte. Wir hatten vier Leute in unserem kleinen Zimmer, die abends und morgens Karten spielten und mir jede Gelegenheit nahmen, Dir ungestört zu schreiben. Jetzt, da Rice und Martin fort sind, ist es mir wieder möglich. Zu meinem Schmerze bestätigt mir Brown die Nachricht, die Du über Deinen schlechten Gesundheitszustand gibst. Du kannst Dir nicht vorstellen, wie ich unter dem Verlangen leide, bei Dir zu sein, wie ich für eine solche Stunde sterben möchte – denn was gibt es sonst in der Welt? Ich sage, Du kannst Dir dies nicht vorstellen. Es ist unmöglich, daß ich Dich so beschäftigen könnte wie Du mich: es kann nicht sein. Verzeih mir, wenn ich heute abend ein wenig zerfahren bin, denn ich war den ganzen Tag mit einem sehr abstrakten Gedichte beschäftigt und bin unergründlich verliebt in Dich – zwei Tatsachen, die mich entschuldigen müssen. Glaub mir, es dauerte nicht allzulange, bevor ich mich Dir ganz zu eigen gab. In derselben ersten Woche, in der ich Dich kennenlernte, verschrieb ich mich Dir als Sklaven, aber ich verbrannte den Brief, als ich bei unserem nächsten Beisammensein zu bemerken glaubte, daß Du gegen mich eine Abneigung zeigtest. Wenn Du jemals für einen Mann beim ersten Zusammentreffen das fühlen solltest, was ich für Dich fühlte, ist es um mich getan. Doch würde ich Dich nicht schelten, sondern mich selbst hassen, wenn so etwas geschehen könnte – nur würde ich außer mir geraten, wenn dieser Mensch als Mann nicht ebenso kostbar wäre wie Du als Frau. Vielleicht lasse ich mich zu weit fortreißen. Dann sieh mich vor Dir auf meinen Knien, besonders, wenn ich einen Teil Deines Briefes erwähne, der mir weh tat. Du sprichst von Mr. Severn und sagst: »Aber Du mußt Dich mit dem Bewußtsein zufrieden geben, daß ich Dich mehr bewunderte als Deinen Freund.« Mein Liebling, ich kann nicht glauben, daß an mir jemals etwas zu bewundern war noch sein wird, besonders was mein Äußeres betrifft – ich kann nicht bewundert werden, ich bin nichts, das man bewundert. Du ja, ich liebe Dich; alles, was ich Dir geben kann, ist eine mich wie eine Ohnmacht überkommende Bewunderung Deiner Schönheit. Ich nehme unter den Männern jenen Platz ein, den stumpfnasige Brünetten mit zusammenstoßenden Augenbrauen unter den Frauen einnehmen – sie sind mir Luft – außer ich fände unter ihnen eine mit einem Feuer in ihrem Herzen gleich dem, das in meinem brennt. Du füllst mich ganz aus, gegen meinen Willen – Du allein, denn ich freue mich nicht auf das, was man »sich häuslich niederlassen« nennt. Ich fürchte mich vor häuslichen Sorgen – doch Dir zuliebe wollte ich ihnen begegnen, obwohl ich lieber sterben als mit ihnen zu tun haben würde, wenn Du ohne sie glücklicher wärst. Es gibt für mich zwei Kostbarkeiten, die meine Gedanken während meiner Spaziergänge nicht loslassen: Deine Lieblichkeit und die Stunde meines Todes. O, daß ich sie beide in der nämlichen Minute besitzen könnte! Ich hasse die Welt. Sie drückt zu sehr auf die Schwingen meines Eigenwillens, und ich wollte, ich könnte ein süßes Gift von Deinen Lippen nehmen, das mich von ihr befreien könnte. Von keinen anderen Lippen möchte ich es nehmen. Ich staune wirklich, daß ich so unbekümmert um alle Reize außer Deinen bin – wenn ich an die Zeit denke, als mir sogar ein Stück Band wichtig war. Was könnte ich nun noch an sanfteren Worten für Dich finden – ich will es nicht überlesen. Noch will ich hier mehr sagen, sondern in einem post scriptum alles übrige beantworten, das Du in Deinem Briefe mit so vielen Worten erwähnt haben könntest – denn ich bin von tausend Gedanken abgelenkt. Ich will mir nur vorstellen, Du wärest heute nacht Venus, und zu Deinem Stern beten, beten, beten wie ein Heide.

Immer Dein, heller Stern,

John Keats.

Meine Petschaft ist, wie ein Familientischtuch, mit meiner Mutter Anfangsbuchstaben F für Fanny gezeichnet, hineingesetzt zwischen die Anfangsbuchstaben meines Vaters. Du wirst bald wieder von mir hören. Meine ergebenen Empfehlungen an Deine Mutter. Sage Margaret, daß ich ihr ein Riff aus bestem Felsen senden, und Sam, daß ich ihm mein leichtes braunes Jagdpferd geben werde, wenn er den »Bischof« an Händen und Füßen fesseln, ihn in einen Tragkorb packen und mir schicken will, damit ich ihn zu seiner Gesundheit bade und ein Halsband aus guten flachen Steinen um seinen Hals gebe.

Shanklin, Donnerstag abends
[5. August 1819]

Mein liebes Mädchen,

Du sagst, Du wolltest keine solchen Briefe mehr haben wie den letzten: Ich will es zu erreichen suchen, indem ich beharrlich das Gegenteil verfolge. Wirklich, ich habe kein leichtes Spiel – ich bin nicht müßig genug für richtige, vollkommene Liebesbriefe –, ich verlasse in diesem Augenblick eine Szene in unsrer Tragödie und sehe Dich (halt es nicht für eine Blasphemie) durch einen Nebel von Verwicklungen, Gesprächen, Gegenverwicklungen und Gegengesprächen. Der Liebhaber ist wahnsinniger als ich – ich bin nichts im Vergleich mit ihm –, er hat eine Figur wie die Statue des Meleager und doppelt-destilliertes Feuer in seinem Herzen. Danke Gott für meinen Fleiß! Ohne ihn wäre ich unglücklich. Ich bekräftige ihn und bestrebe mich, nicht an Dich zu denken – aber wenn mir dies während des ganzen Tages und bis Mitternacht gelungen ist, bringt Dich das Fieber, in dem ich verbleibe, stärker zurück, sobald diese künstliche Erregung weicht. Bei meiner Seele, ich kann nicht sagen, weswegen Du mich liebhaben könntest. Ich halte mich ebensowenig für ein Scheusal wie Mr. A., Mr. B. und Mr. C. – Doch, wenn ich eine Frau wäre, würde ich nicht A. B. C. liebhaben. Aber genug davon. Du beabsichtigst also, mich an mein Versprechen, Dich in einer kurzen Zeit wiederzusehen, zu binden. Ich werde dieses Versprechen mit ebensoviel Schmerz wie Freude halten: denn ich bin nicht einer der alten Paladine, die von Wasser, Gras und Lächeln Jahre hindurch lebten. Was würde ich doch heute abend nicht für die Verzückung meiner Augen allein geben? Heute in einer Woche werden wir nach Winchester ziehen, denn ich spüre den Mangel einer Bibliothek. Brown wird mich dort verlassen, um Mr. Snook in Bedhampton einen Besuch abzustatten: in seiner Abwesenheit will ich zu Dir hin- und wieder zurückschlüpfen. Ich werde nur eine sehr kleine Weile bleiben, denn, da ich jetzt mit dem Schreiben im Zuge bin, fürchte ich, es zu stören – ich will ihm seinen Lauf lassen, schlecht oder gut – ich werde daran meine eigene Kraft und den Puls der Öffentlichkeit erproben. In Winchester werde ich Deine Briefe leichter erhalten, und da es eine Stadt mit einer Kathedrale ist, werde ich ein Vergnügen haben, das für mich in der Nähe einer Kathedrale immer groß war: Deine Briefe während des Gottesdienstes zu lesen, indem ich im Seitenschiffe auf und ab gehe.

Freitag morgens [6. August 1819]. – Als ich gestern abend gerade bis hierher geschrieben hatte, kam Brown herunter im Morgenrock, mit der Nachtmütze, und sagte, er sei durch einen guten Schlaf sehr erfrischt und hungrig. Ich verließ ihn, während er speiste, und ging zu Bett, da ich zu müde war, um mich in irgendwelche Diskussionen einzulassen. Du würdest Dich an den Spaziergängen hier sehr erfreuen. Sie sind jedoch nicht so anziehend, daß ich ihnen nicht herzlich gern Lebewohl sagte, um sie gegen meine Kathedrale einzutauschen. – Hingegen bin ich wieder nicht so ermüdet von der Szenerie, um die Schweiz zu hassen. Wir könnten ein angenehmes Jahr in Bern oder Zürich verbringen – wenn es Venus gefallen sollte, mein »Ich flehe Dich an, uns zu hören, o Göttin« zu hören. Und wenn sie hören sollte, Gott verhüte, daß wir, wie die Leute es nennen, uns »niederlassen« – zu einem Teich werden, einem stagnierenden Lethe – einem verächtlichen Häuserhalbkreis, einer Gasse oder einem Gebäude. Besser unvernünftig beweglich zu sein als weise festgebannt. Meinen Mund bei der Haustür öffnen wie der Löwenkopf in Venedig, um verhaßte Visitenkarten zu empfangen, Briefe, Botschaften, Ausgehen und bei Teegesellschaften verwelken; bei Abendessen frieren; bei Tanzgesellschaften braten; bei Empfängen brodeln. Nein, mein Lieb, vertrau Dich mir an, und ich will für Dich edlere Unterhaltungen finden, wenn uns das Geschick wohl will. Ich fürchte, Du wirst diese Zeilen nicht vor Sonntag oder Montag erhalten: wie der Irländer zu schreiben pflegte: haß mich nicht in der Zwischenzeit. Ich sehne mich, nach Winchester fortzukommen, denn ich fange an, hier sogar die Türpfosten zu hassen – die Namen, die Kiesel. Du erkundigst Dich nach meiner Gesundheit und sagst mir nicht, ob es Dir besser geht. Mir geht es ganz gut. Dein Ausgehen beweist nicht, daß es Dir gutgeht. Wie steht es damit? Langes Aufbleiben wird Dir sehr schaden. Was für ein Vergnügen meinst Du? Ich war durch eine Reihe von Tagen allein, während Brown mit seinem alten Rucksack im Lande umherstrich. Ich mag seine Gesellschaft wie die irgendeines andern, bedauerte es aber, als er zurückkam – es traf mich wie ein Donnerschlag. Ich war ins Träumen gekommen inmitten meiner Bücher – indem ich wirklich in einer Einsamkeit und Ruhe schwelgte, die nur Du allein hättest stören sollen.

Dein Dir immer zugetaner

John Keats.

Winchester, 17. August

Mein liebes Mädchen – was soll ich zu meiner Entschuldigung sagen? Ich bin seit vier Tagen hier und habe Dir noch nicht geschrieben – es ist wahr, ich hatte viele ärgerliche Geschäftsbriefe abzusenden – und ich war in den Krallen des letzten Aktes unserer Tragödie wie eine Schlange in denen eines Adlers. Das ist keine Entschuldigung; ich weiß es; ich gebe nicht vor, sie zu gebrauchen. Ich habe kein Recht, weder um eine schleunige Antwort zu bitten, um mich wissen zu lassen, wie versöhnlich Du bist – ich muß einige Tage in einem Nebel bleiben – ich sehe Dich durch einen Nebel, ebenso wie Du es gegenwärtig tust, wie ich wohl sagen darf. Glaube an die ersten Briefe, die ich Dir schrieb: ich versichere Dir, ich fühlte, wie ich schrieb – ich könnte jetzt nicht so schreiben. Die tausend Bilder, die durch mein Hirn gegangen sind – mein unstäter Geist – mein unenträtseltes Geschick –, all dies ist wie ein Schleier zwischen mich und Dich gebreitet. Bedenke, daß ich keine müßige Zeit hatte, um über Dich nachzusinnen – es ist vielleicht gut, daß ich sie nicht habe. Ich hätte die Bedrängungen der Eifersucht, die mich zu verfolgen pflegten, nicht ertragen können, bevor ich so tief in die Ansprüche der Phantasie untergetaucht war. Da ich unter Segel bin, würde ich gern ohne Unterbrechung ein paar Monate weiter segeln – ich bin vollkommen in der Rolle – im Fieber; und ich werde in diesen vier Monaten ein unermeßliches Stück bewältigen. Wenn mein Auge über diese Seite gleitet, sieht es, daß sie außergewöhnlich unliebhabermäßig und ungalant ist – ich kann nichts dafür – ich bin kein Offizier in einem langweiligen Dienstort, kein Pfarrer-Romeo. Mein Gemüt ist gehäuft voll; vollgestopft wie ein Cricket-Ball – wenn ich mich anstrengte, es mehr zu füllen, würde es bersten. Ich weiß, die Allgemeinheit der Frauen würde mich deswegen hassen, daß ich ein so unnachgiebiges, so undurchdringliches Gemüt habe, sie zu vergessen, die erfreulichsten Wirklichkeiten zu vergessen um der langweiligen Einbildungen meines Hirns willen. Aber ich beschwöre Dich, darüber gerecht zu denken und Dich zu fragen, ob es nicht besser ist, Dir meine Gefühle zu erklären als künstliche Leidenschaft zu schreiben. – Außerdem, Du würdest es durchschauen. Es wäre vergebliches Bemühn, Dich täuschen zu wollen. Es ist bitter, bitter, ich weiß es. Mein Herz scheint jetzt aus Eisen gemacht zu sein – ich konnte keine richtige Antwort auf eine Einladung zu Idalia schreiben. Du bist mein Richter: meine Stirn ist am Boden: Du scheinst beleidigt zu sein durch ein wenig unschuldigkindischen Mutwillen in meinem letzten Brief. Ich beabsichtigte nicht im Ernst zu sagen, daß Du Dich bemühtest, ich sollte mein Versprechen halten. Ich bitte Dich deswegen um Verzeihung. Es ist nur gerecht, daß Dein Stolz den Alarm ernst nimmt. Du sagst, ich könnte handeln, wie es mir gefällt – ich glaube nicht, daß ich dies mit einem Funken Gewissen tun kann; meine Barreserven sind gegenwärtig versiegt; ich fürchte, für einige Zeit. Ich gebe kein Geld aus, aber es vermehrt meine Schulden. Ich habe mein ganzes Leben sehr wenig von diesen Dingen gehalten – sie scheinen nicht zu mir zu gehören. Es mag ein stolzer Ausspruch sein; aber, beim Himmel, ich bin so gänzlich über materielle Dinge erhaben wie die Sonne über die Erde – und wenn ich auch mit meinem eigenen Gelde sorglos bin, mit dem meiner Freunde muß ich vorsichtig sein. Du siehst, wie ich fortfahre – wie ebensoviele Schläge eines Hammers. Ich kann mir nicht helfen – ich werde gezwungen, getrieben dazu. Ich bin nicht glücklich genug für seidene Phrasen und silberne Sätze. Ich kann ebensowenig besänftigende Worte für Dich gebrauchen, als wenn ich in diesem Augenblick bei einem Kavallerie-Angriff beteiligt wäre. Dann, wirst Du sagen, sollte ich überhaupt nicht schreiben. – Sollte ich nicht? Dieses Winchester ist ein feiner Ort: eine schöne Kathedrale und viele andere alte Baulichkeiten in der Umgebung. Der kleine Sarg von einem Zimmer in Shanklin ist ausgetauscht gegen ein großes Zimmer, wo ich zu meinem Vergnügen spazieren gehen kann – sieht hinaus auf die schöne, leere Seite eines Hauses. Es ist seltsam, daß ich sie lieber haben kann als die Ansicht des Meeres von unserem Fenster in Shanklin. Ich begann sogar die Balken dort zu hassen – die Stimme der alten Dame jenseits des Weges wurde zu einer Plage. Das Gesicht des Fischers änderte sich ebensowenig wie das unseres schwarzen Teetopfes – zu meiner geringen Erleichterung wurde jedoch der Knopf abgeschlagen. Ich bekomme ein großes Mißfallen am Malerischen und kann es nur dann wieder genießen, wenn ich Dich es genießen sehe. Eins der angenehmsten Dinge, die ich letzthin sah, war in Cowes. Der Regent in seiner Yatch (ich glaube, so wird es geschrieben) war gegenüber verankert – ein schönes Schiff –, und alle die Yatchen und Boote glitten hin und her vorbei, es umkreisend und in jeder Richtung lavierend. Ich nahm niemals etwas so Ruhiges, Leichtes und Graziöses wahr. – Als wir nach Southampton hinüberfuhren, gab es beinahe ein Unglück. Es begegnete uns ein gutbemanntes Boot, mit zwei Seeoffizieren am Heck. Unsere Bugleinen erfaßten die Spitze ihres kleinen Mastes und rissen ihn knapp über Bord ab. Wäre der Mast ein wenig fester gewesen, so hätten sie umgeworfen. Ich konnte nicht umhin, unsere Seeleute bei diesem unbedeutenden Vorfall zu bewundern – weder Offizier noch Mann im ganzen Boot bewegte eine Muskel – kaum daß sie ein Wort darüber verloren. Verzeih mir diesen hartwortigen Brief und glaube und erkenne, daß ich an Dich nicht denken kann ohne eine Art von Kraftverbrauch – wenn auch zu ungelegener Zeit.

Selbst wenn ich damit aufhöre, scheint es mir, daß ein paar Augenblicke mehr des Denkens an Dich mich entkristallisieren und auflösen würden. Ich darf dem nicht nachgeben – sondern muß zu meinem Schreiben zurückkehren –, wenn ich versage, werde ich schwer sterben. O mein Lieb, Deine Lippen erfüllen wieder mit ihrer Süße meine Phantasie – ich muß sie vergessen.

Dein Dir immer zugetaner

Keats.

Fleet Street, Montag morgens
[13. September 1819]

Mein liebes Mädchen,

ein Brief meines Bruders Georg trieb mich zur Stadt; er enthält nicht die erfreulichsten Nachrichten. Bin ich verrückt oder nicht? Ich kam mit der Nachtkutsche am Freitag und war noch nicht in Hampstead. Ich kann mich nicht entschließen, eine Vergnügung mit meinen Tagen zu vermengen: Sie vergehen einer wie der andere, ununterscheidbar. Wenn ich Dich heute sehen sollte, würde es meine halbbequeme Grämlichkeit, die ich gegenwärtig genieße, in vollkommene Verwirrung verwandeln. Ich liebe Dich zu sehr, um mich nach Hampstead zu wagen; ich empfinde, es ist nicht Abstatten eines Besuches, sondern Sich-in-ein-Feuer-wagen. Que ferai-je? wie die französischen Romanschriftsteller im Scherz sagen und ich im Ernst: Wirklich, was kann ich tun? Wohl wissend, daß mein Leben in Ermattung und Leid verbracht werden muß, habe ich mich bemüht, mich Deiner zu entwöhnen: denn für mich allein, was kann es viel an Elend geben? Soweit die Ereignisse mich betreffen, kann ich sie alle verachten: Aber ich kann nicht aufhören, Dich zu lieben. Heute morgen weiß ich kaum, was ich tue. Ich werde nach Walthamstow gehen. Morgen will ich nach Winchester zurückkehren, von wo aus Du in wenigen Tagen von mir hören wirst. Ich bin ein Feigling; ich kann den Schmerz, glücklich zu sein, nicht ertragen. Es ist außer Frage: ich darf keinen Gedanken davon zulassen.

Dein Dir immer zugetaner

John Keats.

College Street

[11. Oktober 1819]

Mein süßes Mädchen,

ich lebe heute im Gestern: ich war den ganzen Tag in einer vollständigen Bezauberung. Ich fühle mich von Deiner Gnade abhängig. Schreibe mir, wenn auch noch so wenige Zeilen, und sage mir, daß Du niemals weniger gütig mit mir sein willst als gestern. – Du hast mich geblendet. Nichts in der Welt ist so leuchtend und zart. Als Brown am letzten Abend mit dieser scheinbar wahren Geschichte gegen mich herausrückte, fühlte ich, daß es mein Tod wäre, wenn Du es jemals geglaubt hättest – obwohl ich gegen jeden andern meinen Widerstand aufgeboten hätte.

Bevor ich wußte, daß Brown die Erzählung widerlegen konnte, war ich für den Augenblick noch elender. Wann werden wir einen Tag allein verbringen? Ich empfing tausend Küsse, für welche ich der Liebe mit meiner ganzen Seele danke – aber wenn Du mir den tausendersten verweigerst – würde es mir beweisen, ein wie großes Elend ich durchleben könnte. Wenn Du jemals Deine Drohung von gestern ausführen solltest – glaube mir, es ist nicht mein Stolz, meine Eitelkeit oder irgendeine kleinliche Leidenschaft, die mich quälen würde –, wirklich, es würde mein Herz verletzen – ich könnte es nicht ertragen. Ich habe Mrs. Dilke heute morgen gesehen; sie sagt, sie will jeden beliebigen schönen Tag mit mir gehen.

Immer Dein

Ach Herze mein! John Keats.

25 College Street
[13. Oktober 1819]

Mein liebstes Mädchen,

diesen Augenblick habe ich mich entschlossen, einige Verse ins Reine zu schreiben. Ich kann nur ohne jede Spur von Zufriedenheit fortfahren. Ich muß Dir eine Zeile oder zwei schreiben und sehen, ob dies dazu beitragen wird, Dich aus meinem Sinn zu bringen, wenn auch für noch so kurze Zeit. Bei meiner Seele, ich kann an nichts anderes denken. Die Zeit ist vorbei, wo ich Kraft hatte, Dir zu raten und Dich vor dem nichtsversprechenden Morgen meines Lebens zu warnen. Meine Liebe hat mich selbstisch gemacht. Ich kann ohne Dich nicht bestehen. Ich vergesse alles, außer Dich wiederzusehen – mein Leben scheint da zu halten –, ich sehe nichts weiter. Du hast mich aufgesogen. Ich habe im gegenwärtigen Augenblick das Empfinden, als ob ich mich auflöste – ich wäre ausgesucht elend ohne die Hoffnung, Dich bald zu sehen. Ich würde mich fürchten, mich weit von Dir zu scheiden. Meine süße Fanny, wird Dein Herz sich niemals ändern? Mein Lieb, wird es? Ich habe jetzt keine Grenze für meine Liebe .... Deine Nachricht kam soeben hierher. Fern von Dir kann ich nicht glücklicher sein. Meine Liebe ist reicher als ein großes Handelsschiff voll Perlen. Erschreck mich auch nicht im Scherz. Ich war erstaunt, daß Menschen als Märtyrer für die Religion sterben können – ich schauderte davor. Ich schaudere nicht mehr – ich könnte zum Märtyrer werden für meine Religion – Liebe ist meine Religion – ich könnte dafür sterben. Ich könnte für Dich sterben. Mein Glaube ist Liebe, und Du bist seine einzige Lehre. Du hast Dich meiner bemächtigt mit einer Macht, der ich nicht widerstehen kann; und doch konnte ich widerstehen, bis ich Dich sah; und selbst seitdem ich Dich gesehen habe, habe ich mich oft bemüht, »die Gründe meiner Liebe zu ergründen«. Ich kann dies nicht mehr – der Schmerz wäre zu groß. Meine Liebe ist selbstisch. Ich kann ohne Dich nicht atmen.

Für immer Dein

John Keats.

Great Smith Street, Dienstag morgens
[19. Oktober 1819]

Meine süße Fanny,

beim Erwachen von meinem dreitägigen Traum (»ich sehne mich nach neuem Traum«) finde ich den einen und den andern erstaunt über meine Müßigkeit und Gedankenlosigkeit. Ich war elend gestern abend – der Morgen ist immer stärkend. Ich muß fleißig sein oder versuchen, es zu sein. Ich habe Dir morgen früh verschiedene Dinge zu sagen. Ich glaube, Mrs. Dilke wird Dir sagen, daß ich in Hampstead zu leben beabsichtige. Ich muß mich mit Ketten belasten. Ich würde gern den Würfel auf Liebe oder Tod werfen. Ich habe mit nichts anderem Geduld. Wenn Du jemals beabsichtigst, mit mir grausam zu sein, wie Du jetzt im Scherz sagst, aber es vielleicht einmal im Ernst sein könntest, sei es jetzt – und ich will –, mein Inneres zittert, ich kann nicht sagen, was ich schreibe.

Immer, mein Lieb, Dein

John Keats.

[Wentworth Place,
4. Februar 1820]

Liebste Fanny,

ich werde dies in dem Augenblicke senden, da Du zurückkehrst. Man sagt, ich muß dieses Zimmer für einige Zeit hüten. Das Bewußtsein, daß Du mich liebst, wird aus dem Hause nächst dem Deinen ein angenehmes Gefängnis machen. Du mußt kommen und mich öfters besuchen: diesen Abend bestimmt – dann darfst Du Dich nicht daran kehren, daß ich mit leiser Stimme spreche, denn es wurde mir verordnet, trotzdem ich laut sprechen *kann*.

Immer Dein,

süßestes Lieb. –

J. Keats.

Vielleicht ist Deine Mutter nicht daheim und Du mußt warten, bis sie kommt. Du mußt mich heute abend besuchen und mich Dein Versprechen hören lassen, daß Du morgen kommst.

Brown sagte mir, daß Ihr alle ausgegangen wärt. Ich habe während des ganzen Nachmittags nach der Poststation ausgesehen. Hätte ich dies gewußt, wäre ich unmöglich den ganzen Tag so ruhig geblieben.

[Wentworth Place,
10. Februar 1820]

Mein liebstes Mädchen,

wenn Krankheit eine so angenehme Abwechslung im Aussehen Deiner Augen hervorbringt, wünschte ich, daß Du manchmal krank wärst. Ich wünschte, ich hätte Deine Mitteilung gelesen, bevor Du gestern abend gingst, daß ich Dir hätte versichern können, wie weit entfernt ich davon war, Dich der Kälte zu verdächtigen. Du hast ein gutes Recht, ein wenig schweigsam dem gegenüber zu sein, der so aufrichtig zu Dir spricht. Du mußt glauben – Du wirst, Du willst –, daß ich nichts tun kann, nichts sagen, was nicht seinen Ursprung in der Liebe hat, die seit so langer Zeit meine Freude und meine Qual ist. In der Nacht wurde ich krank – als das Blut so heftig zu meinen Lungen andrängte, daß ich mich beinahe erstickt fühlte –, ich versichere Dir, ich hielt es für möglich, daß ich es nicht überleben könnte; und in diesem Augenblick dachte ich an sonst nichts als an Dich. Als ich Brown sagte »Das ist ein Unglück«, dachte ich an Dich. Es ist wahr, daß seit den ersten zwei oder drei Tagen mir andere Dinge durch den Kopf gingen. Meine Gedanken werden gerichtet sein auf Gesundung und den Frühling und eine regelmäßige Ausführung unserer alten Spaziergänge.

Dein Dir zugetaner

J.K.

[Wentworth Place,
Februar 1820]

Mein süßes Lieb, ich werde geduldig bis morgen warten, bevor ich Dich sehe, und in der Zwischenzeit, wenn etwas Derartiges nötig ist, Dir bei Deiner Schönheit beteuern, daß – wann immer ich über einen bestimmten unangenehmen Gegenstand geschrieben habe – es im Zusammenhang mit Deinem Wohlergehen auf meine Seele gedrückt hat. Wie verletzt wäre ich gewesen, wenn Du trotzdem jemals zu dem gelangt wärest, was verstandesmäßig möglich ist!

Wieviel mehr liebe ich Dich infolge des allgemeinen Ergebnisses! In meinem gegenwärtigen Gesundheitszustand fühle ich mich zu sehr von Dir geschieden und könnte beinahe mit den Worten von Lorenzos Geist an Isabella zu Dir sprechen

> Deine Schönheit wächst in mir, ich fühle
> Größre Liebe all mein Ich durchdringen.

Meine größte Qual, seit ich Dich kenne, war die Furcht, Du könntest ein wenig zu Cressida neigen, aber diesen Verdacht verabschiede ich gänzlich und bleibe glücklich in der Gewißheit Deiner Liebe, welche – ich versichere es Dir – für mich ebensosehr ein Wunder wie ein Entzücken ist. Schick mir die Worte »Gute Nacht«, damit ich sie unter mein Kissen lege.

Liebste Fanny,

Dein Dir zugetaner

J. K.

[Wentworth Place,
Februar 1820]

Mein liebstes Mädchen,

allem Anschein nach soll ich von Dir soviel wie möglich getrennt werden. Wie ich im Stande sein werde, es zu ertragen, oder ob es nicht schlimmer sein wird als hie und da Deine Gegenwart, kann ich nicht sagen. Ich muß geduldig sein; und in der Zwischenzeit mußt Du sowenig als möglich daran denken. Laß mich Dich nicht länger abhalten, zur Stadt zu gehen – es könnte kein Ende Deines Gefangenseins kommen. Vielleicht kommst Du besser nicht vor morgen abend: schick mir aber bestimmt ein Gute Nacht.

Du kennst unsere Lage – was für eine Hoffnung gibt es, wenn ich auch noch so bald genesen sollte –, selbst meine Gesundheit wird mir nicht gestatten, irgendeine große Anstrengung zu machen. Mir wurde verordnet, Verse nicht einmal zu lesen, noch viel weniger zu schreiben. Ich wünschte, ich hätte nur ein wenig Hoffnung. Ich kann nicht sagen Vergiß mich – aber ich möchte erwähnen, daß es auf der Welt Unmöglichkeiten gibt. Nichts mehr darüber. Ich bin nicht stark genug, um entwöhnt zu werden, nimm keine Notiz davon in Deinem Gute Nacht.

Was auch geschehen mag, ich werde immer sein, mein teuerstes Lieb,

Dein Dir zugetaner

J. K.

[Wentworth Place,
Februar 1820]

Mein liebstes Mädchen, wie konnte es jemals mein Wunsch sein, Dich zu vergessen? Wie konnte ich so etwas sagen? Die größte Überspannung, deren meine Gedanken fähig waren, war mein Bemühen, Dich mit Rücksicht auf Dich selbst zu vergessen, denn ich erkannte, was für eine Möglichkeit in Betracht kommen würde, wenn ich in einem schwankenden Gesundheitszustand bliebe. Ich würde es ertragen haben, sowie ich den Tod ertragen würde, wenn das Schicksal so gelaunt wäre: Aber ich würde ebenso bald an die Wahl zu sterben denken als von Dir zu scheiden. Glaub auch, mein Lieb, daß unsere Freunde zum besten denken und sprechen, und wenn ihr Bestes nicht unser Bestes ist, sind sie nicht schuld daran. Wenn mir besser ist, will ich mit Dir ausführlich über diese Gegenstände sprechen, wenn eine Gelegenheit ist – ich glaube, es ist keine. Ich bin heute ziemlich nervös, vielleicht weil ich ein wenig genesen bin und meinen Gedanken gestatte, kleine Ausflüge jenseits der Türen und Fenster zu machen. Ich nehme es für ein gutes Zeichen, aber da es nicht ermutigt werden darf, wäre es besser, wenn Du Deinen Besuch auf morgen verschöbest. Müh Dich nicht ab, viel zu schreiben: schick mir bloß mein Gute Nacht.

Empfiehl mich Deiner Mutter und Margaret.

Dein Dir zugetaner

J. K.

[Wentworth Place,
Februar 1820]

Meine liebste Fanny,

dann ist alles, was wir zu tun haben: geduldig sein. Was für Gewalt immer ich mir manchmal antun mag, indem ich andeute, was für jeden außer uns eine notwendige Sache wäre, ich glaube nicht, daß ich ein Näherkommen des

Gedankens, Dich zu verlieren, ertrüge. Ich schlief gut heute nacht, kann aber nicht sagen, daß ich mich schnell erhole. Ich werde Dich morgen erwarten, denn es ist sicherlich besser, daß ich Dich selten sehe. Laß mich Dein Gute Nacht haben.

Dein Dir zugetaner

J. K.

[Wentworth Place,
Februar 1820]

Meine liebste Fanny,

ich las Deine Zeilen gestern abend im Bett, und das mag der Grund sein, warum ich um so viel besser schlief. Ich denke, Mr. Brown hat bei meinem nervösen Zustande recht mit der Annahme, Du könntest zu lang bei mir bleiben. Schicke mir jeden Abend ein geschriebenes Gute Nacht. Wenn Du gegen sechs für ein paar Minuten kommst, dürfte es die beste Zeit sein. Wenn Du Dir jemals einbilden solltest, daß ich zu niedergeschlagen bin, muß ich Dich darauf aufmerksam machen, daß Du es der Medizin zuschreibst, die ich gegenwärtig nehme und die nervenzerrüttender Art ist. Ich werde jede Verstimmung, die ich erfahre, diesem Grunde zuschreiben. Ich habe die ganze Woche mit einer elenden alten Feder geschrieben, die außergewöhnlich unliebenswürdig ist. Die Schuld liegt an der Feder: Ich habe sie repariert, und sie ist trotzdem sehr geneigt, »blinde *e*-s« zu machen. Trotzdem sind diese letzten Zeilen viel kalligraphischer, wenn auch ein wenig entstellt durch Flecke von Brombeer-Marmelade, die eine kleine Spur auf einer der Seiten von Browns Ben Jonson hinterlassen hat, wirklich dem besten Buch, das er hat. Ich habe es abgeleckt, aber es bleibt purpurrot. Ich wußte nicht, ob ich purpur oder blau sagen sollte, und schrieb in dieser Gedankenmischung »purplau«, was ein ausgezeichneter Name für eine Farbe sein könnte, die aus diesen beiden besteht und sich gut eignen würde, das nächste Frühjahr zu eröffnen. Hüte Dich vor offenen Türen und Fenstern und dem Ausgehen ohne Dein dickes graues Wolltuch. Gott segne Dich, Liebe!

J. Keats.

P.S. Ich sitze im Hinterzimmer. Empfiehl mich Deiner Mutter.

[Wentworth Place,
Februar 1820]

Meine liebe Fanny,

laß Deine Mutter nicht vermuten, daß Du mich mit Deinem Schreiben am Abend kränktest. Aus irgendeinem Grunde war Deine Nachricht von gestern abend nicht so kostbar wie die früheren. Ich möchte gern, daß Du mich noch »Lieb« nennst. Dich glücklich und froh zu sehen, ist ein großer Trost für mich – laß mich aber trotzdem glauben, daß Du nicht halb so glücklich bist, wie Dich meine völlige Genesung machen würde. Ich bin nervös, ich gestehe es, und mag mich für kränker halten als ich wirklich bin; wenn es so ist, mußt Du mich mit Nachsicht behandeln und mit jener Art von Zärtlichkeit vollstopfen, die Du gegen mich in verschiedenen Briefen gezeigt hast. Mein süßes Geschöpf, wenn ich zurückblicke auf die Schmerzen und Qualen, die ich um deinetwillen ausgestanden habe, seitdem ich von Dir auf die Insel Wight ging, auf die Aufregungen, in denen ich einige Tage verbracht habe, und die damit verbundenen Kläglichkeiten: staune ich um so mehr über die Schönheit, die diesen Zauber so kräftig erhalten hat. Wenn ich diesen Brief hinübersende, werde ich im vorderen Wohnzimmer sein und aufpassen, ob Du Dich für eine Minute im Garten zeigst. Wie doch Krankheit gleich einer Schranke zwischen mir und Dir steht! Selbst wenn ich gesund wäre – müßte ich mich so gut wie möglich zum Philosophen machen. Jetzt, da ich Gelegenheit hatte, Nächte besorgt und wach zu verbringen, fand ich andere Gedanken auf mich eindringen. »Wenn ich sterben sollte«, sagte ich zu mir selbst, »habe ich kein unsterbliches Werk zurückgelassen – nichts, um meine Freunde stolz auf meine Erinnerung zu machen –, aber ich habe das Prinzip der Schönheit in allen Dingen geliebt, und wenn ich Zeit gehabt hätte, würde ich mir ein Gedenken geschaffen haben.« Gedanken gleich diesen kamen sehr zag, solange ich gesund war und jeder Puls für Dich schlug – nun teilst Du mit dieser (darf ich es sagen?) »letzten Schwäche edler Gemüter« mein ganzes Nachdenken.

Gott segne Dich, Lieb. J. Keats.

[Wentworth Place,
Februar 1820]

Mein liebstes Mädchen,

in Deinem letzten Billet erwähntest Du, daß Du unwohl warst. Bist Du schon wieder hergestellt? Dieses Billet entzückte mich sehr. Ich fühle mich kräftiger als ich war: Die Ärzte sagen, es sei wenig los mit mir, aber ich kann ihnen nicht glauben, bis der Druck und die Beklemmung meiner Brust sich gemildert haben. Ich will mich nicht gehen lassen oder mich quälen, indem ich über meine lange Trennung von Dir klage. Gott allein weiß, ob es mir bestimmt ist, vom Glück mit Dir zu kosten: Auf alle Fälle weiß ich selbst so viel, daß ich es für kein geringes Glück halte, Dich so sehr geliebt zu haben – wenn es nicht mehr sein kann, will ich nicht undankbar sein – wenn ich genesen sollte, wird mich der Tag meiner Genesung an Deiner Seite sehen, von der mich nichts mehr trennen soll. Wenn ich wohl bin, bist Du die einzige Arznei, die mich wohlerhalten kann. Vielleicht, ja sicherlich schreibe ich in einem zu gedrückten Gemütszustand – bitte Deine Mutter, mich zu besuchen – sie wird Dir einen besseren Bericht bringen als ich.

Dein Dir immer zugetaner

John Keats.

[Wentworth Place,
24. Februar 1820]

Mein liebstes Mädchen,

wirklich, ich will Dich über meine Gesundheit nicht täuschen. Folgende sind die Tatsachen, soweit ich sie weiß. Ich bin seit drei Wochen ans Zimmer gefesselt und bin noch nicht gesund – das beweist, daß etwas bei mir nicht in Ordnung ist, das meine Konstitution entweder überwinden oder dem sie nachgeben wird. Laß uns das Beste hoffen. Hörst Du die Drossel über dem Felde singen? Ich glaube, es ist ein Anzeichen für mildes Wetter – um so besser für mich. Jetzt, da ich krank bin, philosophiere ich wie alle Sünder, ja, im Zusammenhang mit jedem Ding, Bäumen, Pflanzen, Drosseln, Frühling, Sommer, Claret, etc. etc. – ja, mit jedem Ding außer Dir. – Meine Schwester würde sich meiner Gesellschaft gern noch ein wenig länger erfreuen. Diese Drossel ist ein prächtiges Kerlchen. Ich hoffe, sie hatte dieses Jahr Glück in ihrer Wahl. Schicke von meinen Büchern keins mehr heim. Ich habe große Freude an dem Gedanken, daß Du sie ansiehst.

Immer Dein,

meine süße Fanny, J. K.

[Wentworth Place,
25. Februar 1820]

Meine liebste Fanny,

ich hatte gestern eine bessere Nacht, als ich sie seit meinem Anfall gehabt hatte, und heute morgen geht es mir so, wie Du sahst. Ich habe in zwei Bänden Briefen geblättert, die zwischen Rousseau und zwei Damen in dem verworrenen Stilgemisch von Feinheit und Empfindung gewechselt wurden, in dem die Damen und Herren jener Tage so geschickt waren und das noch vorherrscht unter Damen dieses Landes, die in einem Zustand von vernünftelnder Romantik leben. Die Ähnlichkeit erstreckt sich jedoch nur auf die Manieriertheit, nicht auf die Geschicklichkeit. Was würde Rousseau gesagt haben, wenn er unsere kleine Korrespondenz gesehen hätte! Was würden seine Damen gesagt haben! Mir liegt nicht viel daran – ich hätte viel lieber Shakespeares Ansicht darüber. Das gewöhnliche Getratsche von Waschweibern muß weniger abstoßend sein als das immerwährende und ewige Abwehren und Angreifen Rousseaus und dieser sublimen Unterröcke. Eine nennt sich Clara und ihre Freundin Julia, zwei von Rousseaus Heldinnen – gleichzeitig taufen sie den armen Jean Jacques St. Preux, welcher der reine Kavalier seines berühmten Romans ist. Gott sei Dank, daß ich in England geboren bin mit unseren eigenen großen Männern vor Augen. Gott sei Dank, daß Du schön bist und mich lieben kannst, ohne daß es Dir durch Briefschreiben und Sentimentalität suggeriert wird. – Mr. Barry Cornwall hat mir ein neues Buch geschickt, sein erstes, mit einem politischen Ton. Ich muß tun, was ich kann, um ihn die Achtung empfinden zu machen, die ich vor seiner Güte habe. Wenn dieser Nordwest sich wendete, wäre es für mich sehr gut. Leb wohl, mein Lieb, mein teures Lieb, mein schönes –

hab mich immer lieb.

J. K.

[Wentworth Place,
Februar 1820]

Mein liebstes Mädchen,

mir geht es gleichmäßig wie immer, ich glaube ein wenig besser. Auch meine Stimmung ist besser, und infolgedessen finde ich mich eher mit meiner Gefangenschaft ab. Ich wage es nicht, viel an Dich zu denken oder Dir viel zu schreiben. Grüß mir alle.

Dein Dir immer zugetaner

John Keats.

[Wentworth Place,
Februar 1820]

Meine liebe Fanny,

ich glaube, Du hältst Dich besser nicht lange bei mir auf, wenn Mr. Brown daheim ist. Wann immer er ausgeht, kannst Du Deine Arbeit bringen. Du wirst heute einen angenehmen Spaziergang haben. Ich werde Dich vorbeigehen sehen. Ich werde Dir mit meinen Augen über die Heide folgen. Willst Du gegen Abend kommen statt vor dem Essen? Wenn Du gegangen bist, ist es vorbei – wenn Du bis zum Abend nicht kommst, habe ich während des ganzen Tages etwas, worauf ich mich freuen kann. Zeige Dich gegenüber meinem Fenster für einen Augenblick, wenn Du dies gelesen hast. Danke Deiner Mutter in meinem Namen für das Eingemachte. Das Himbeer-Eingemachte wird mir zu süß sein, da es keine Säure enthält. Weil Du ein so braves Mädchen bist, will ich Dir damit ein Geschenk machen.

Leb wohl, mein süßes Lieb!

J. Keats.

[Wentworth Place,
Februar 1820]

Meine liebste Fanny,

die Macht Deines Segens ist nicht so schwach, daß sie in vierundzwanzig Stunden von dem Ringe weichen könnte – er ist wie ein heiliger Kelch, einmal geheiligt für immer heilig. Ich werde Deinen und meinen Namen küssen, wo Deine Lippen waren – Lippen! Warum sollte ein armer Gefangener wie ich von solchen Dingen sprechen? Gott sei Dank, daß ich, trotzdem ich diese Dinge für die teuersten Freuden des Weltalls halte, einen von ihnen unabhängigen Trost in der Gewißheit Deiner Liebe habe. Ich könnte ein Gedicht schreiben in der pathetischen Art Tom

Moores über Erinnerung, wenn das eine Erleichterung für mich wäre. Nein, es wäre keine. Ich will so trotzig wie ein Rotkehlchen sein, ich will nicht im Käfig singen. Gesundheit ist der ersehnte Himmel, und Du bist die Houri – ich glaube dieses Wort ist Einzahl und Mehrzahl – wenn nur Mehrzahl, was liegt daran – Du bist gleich tausend von ihnen.

Dein Dir, Liebste, immer zugetaner

J. K.

Es wäre besser, wenn Du heute nicht kämst.

[Wentworth Place,
März 1820]

Mein teuerstes Lieb,

Du darfst nicht so lang in der Kälte bleiben – ich habe gefürchtet, daß dieses Fenster offen war. – Deine Nachricht hat mich halb geheilt. Wenn ich noch ein paar Orangen brauche, werde ich es Dir sagen – das sind nur Nebenbemerkungen. Ich bin vom Essen abgehalten, fühle mich daher ziemlich schwach – sonst sehr wohl. Bitte bleibe nicht so lang oben – es macht mich unruhig –, komm nur hie und da und bleibe eine halbe Minute. Empfiehl mich Deiner Mutter.

Dein Dir immer zugetaner

J. Keats.

[Wentworth Place,
März 1820]

Süßeste Fanny,

Du fürchtest manchmal, daß ich Dich nicht so sehr liebe, wie Du es wünscht? Mein liebes Mädchen, ich liebe Dich für immer und ewig und ohne Rückhalt. Je mehr ich Dich kennenlernte, desto mehr liebte ich. Auf jede Weise – selbst meine Eifersuchtsanfälle waren Verzückungen der Liebe, während des heftigsten Anfalls, den ich je hatte, wäre ich für Dich gestorben. Ich habe Dich zu sehr gequält. Aber aus Liebe! Kann ich etwas dafür? Du bist immer neu. Der letzte Deiner Küsse war immer der süßeste; das letzte Lächeln das freundlichste; die letzte Bewegung die graziöseste. Als Du auf Deinem Heimweg gestern an meinem Fenster vorbeigingst, war ich mit soviel Bewunderung erfüllt, als ob ich Dich zum ersten Male gesehen hätte. Einmal beklagtest Du Dich halb darüber, daß ich nur Deine Schönheit liebe. Habe ich also sonst nichts an Dir zu lieben außer ihr? Sehe ich nicht ein Herz, das von Natur beschwingt ist, sich mit mir einkerkern? Keine trübe Aussicht war imstande, Deine Gedanken einen Augenblick von mir abzulenken. Das sollte ebensosehr Gegenstand der Trauer wie der Freude sein – aber ich will davon nicht sprechen. Selbst wenn Du mich nicht liebtest, könnte ich mich nicht erwehren, Dir völlig zugetan zu sein: um wieviel tiefer muß ich für Dich empfinden, da ich weiß, daß Du mich liebst. Meine Seele ist die unzufriedenste und unruhigste, die jemals in einen Körper gelegt wurde, der ihr zu klein ist.

Meine Gefühle ruhten niemals auf irgend etwas mit völliger und ungehemmter Freude – auf keinem Menschen wie auf Dir. Wenn Du im Zimmer bist, fliegen meine Gedanken nie aus dem Fenster: Du konzentrierst meine gesamten Sinne immer auf Dich. Die Angst, die Du in Deinem letzten Brief um unsere Liebe bekundest, ist für mich ein ungeheures Vergnügen: Aber Du darfst nicht dulden, daß Dich derlei Gedanken noch weiter belästigen: noch will ich jemals wieder glauben, daß Du den geringsten Groll gegen mich hegst. Brown ist ausgegangen – aber da ist Mrs. Wylie – wenn sie gegangen ist, werde ich für Dich wach sein. – Empfehlungen an Deine Mutter.

Dein Dir zugetaner

J. Keats.

[Wentworth Place,
März 1820]

Meine liebe Fanny,

ich fühle mich heute morgen viel wohler als vor einer Woche: Wirklich mir geht es täglich ein wenig besser. Ich verlasse mich darauf, daß ich mit Dir am ersten Mai einen Spaziergang machen werde: In der Zwischenzeit, während der ich einer babylonischen Gefangenschaft unterworfen bin, werde ich nicht Jude genug sein, um meine Harfe auf eine Weide zu hängen, sondern werde mich vielmehr bemühen, meinen Rückstand im Verseschreiben aufzuarbeiten, und mit wiederkehrender Gesundheit etwas Neues beginnen: in Verfolg welches Entschlusses es nötig sein wird, mein oder besser gesagt Taylor's Manuskript zu haben, welches Du mir bitte durch meinen Boten entweder heute oder morgen senden willst. Ist Mr. Dilke heute bei Dir? Du schienst gestern abend sehr angegriffen: Du mußt heute morgen ein wenig besser aussehen. Ich werde es nicht leiden, daß mein kleines Mädchen jemals getrübt wird wie ein Glas, das man anhaucht, sondern es soll immer hell sein, wie es seiner Natur entspricht. Daß ich mich von Pseudo-Lebensmitteln nähre und beim Feuer sitze, wird mich vollständig vernichten. Ich habe es nicht nötig, mich in Form einer verzauberten Wachsfigur zu verdoppeln, denn ich schmelze in eigener Person vor dem Feuer. Wenn Du in Deinen Monatsschriften auf etwas stößt, das besser (schlechter) als das Gewöhnliche ist, laß mich's sehen.

Lebe wohl, mein süßestes Mädchen.

J. K.

[Wentworth Place,
März 1820]

Meine liebste Fanny, wann immer Du mich allein weißt, komm, welcher Tag es auch ist. Warum willst Du in diesem Wetter ausgehen? Ich werde mich nicht durch zu vieles Schreiben ermüden, ich verspreche es Dir. Brown sagt, daß ich stärker werde. Ich schlafe gut und erinnere mich von gestern nacht an gar nichts Schreckliches in meinem Traum, was ein wichtiges Symptom ist, denn jede organische Zerrüttung verursacht immer eine Phantasmagorie. Es wird ein hübsches, müßiges Vergnügen sein, ein Motto für mein Buch aufzutreiben, das ich haben will, wenn ich glücklich genug bin, um auf ein passendes zu stoßen – da ich nicht beabsichtige, ein Vorwort zu schreiben. Ich fürchte, ich komme zu spät mit meinem Brief – Du bist ausgegangen – Du wirst so kalt sein wie ein Marssegel in nördlicher Breite – ich rate Dir, Dich völlig einzuziehen und ins Haus zu gehen.

Leb wohl, Lieb.

J. K.

[Wentworth Place,
März 1820]

Meine liebste Fanny, ich schlief gut gestern nacht und fühle mich daher heute nicht schlechter. Wenn ich mich nicht täusche, so bekomme ich Tag für Tag einen freieren Gebrauch meiner Brust. Je näher ein Rennpferd dem Ziele kommt, um so größer wird seine Erregung. So fühle ich meine Ungeduld wachsen, während ich an den Schranken der Gesundheit harre. Vielleicht habe ich Deinetwegen meine Krankheit für ernster gehalten, als sie ist: Wie schrecklich war die Möglichkeit, in den Erdboden zu kommen statt in Deine Arme – der Unterschied ist erstaunlich, Liebste. Der Tod muß schließlich kommen, der Mensch muß sterben, wie Shallow sagt; aber bevor dies mein Geschick wird, möchte ich gern versuchen, wie viel mehr

Freude, als Du bereits gegeben hast, ein so liebliches Geschöpf wie Du noch geben kann. Laß mich noch eine Möglichkeit von Lebensjahren vor mir haben, und ich werde nicht sterben, ohne daß man meiner gedenkt. Halte Dich, Liebe, damit wir beide im Sommer wohlauf sind. Ich ermüde mich wirklich nicht mit Schreiben, da ich lediglich hie und da eine oder die andere Zeile einzusetzen habe, eine Aufgabe, die einen kräftigen Zustand von Körper und Geist angreifen würde, mir aber gerade zusagt, da ich nicht mehr tun kann.

Dein Dir zugetaner

J. K.

[Wentworth Place,
März 1820]

Meine liebste Fanny,

obwohl ich Dich in so kurzer Zeit sehen soll, kann ich doch nicht umhin, Dir ein paar Zeilen zu senden. Du sagst, daß ich Dir gestern keinen genauen Bericht über meine Gesundheit gab. Heute habe ich die Medizin aufgegeben, die ich nahm, um den Puls zu beruhigen, und ich finde, daß es sehr gut ohne sie geht, was ein günstiges Zeichen ist, da es zeigt, daß keine Entzündung zurückgeblieben ist. Du glaubst, ich könnte mich in der Nacht abquälen, wie Du sagst: Es ist meine beste Zeit. Gegen acht Uhr bin ich auf der Höhe. Heute erhielt ich eine Nachricht von Mr. Procter. Er sagt, daß er mich in diesem Wetter nicht besuchen kann, da er sich vor einer Lungenentzündung fürchtet. Was für ein grausliches Klima das ist! oder was für sorglose Bewohner es hat! Du bist einer davon. Mein liebes Mädchen, nimm es nicht von der spaßhaften Seite: setze Dich nicht der Kälte aus. Da ist die Drossel wieder – ich kann mir das nicht leisten – sie wird mir eine schöne Rechnung für Musik zusammenbringen – außerdem sollte sie wissen, daß ich bei Clementi kaufe. Wie kannst Du eine so lange Gefangenschaft in Hampstead ertragen? Ich werde mich immer mit Vergnügen daran erinnern, wie es einem Geizhals geziemt, der anderen nichts von seinem Besitze gönnt. Ich könnte deswegen einen Altar für Dich bauen.

Dein Dir zugetaner

J.K.

[Wentworth Place,
März 1820]

Mein liebstes Mädchen,

da Du aus dem letzten Teil meines Briefes ersehen mußt, wie dankbar ich Dir dafür war, daß Du daheim bliebst, wirst Du vielleicht denken, daß ich andrerseits gleichermaßen dadurch beeinflußt wurde, daß Du zur Stadt gingst. Ich hätte heute nacht keine Ruhe, wenn ich Dir nicht sagte, daß Du Dich mit dieser Annahme irren würdest. Obwohl ich mit dem einen zufrieden bin, bin ich nicht unzufrieden mit dem anderen. Wie wage ich es, in dieser Weise über meine Annehmlichkeiten und Unannehmlichkeiten zu schreiben? Trotzdem will ich es, solange ich ein Invalide bin, trotz Deiner. Gute Nacht, Lieb!

J. K.

[Wentworth Place,
März 1820]

Mein liebstes Mädchen,

infolge unsrer Gesellschaft vermute ich, daß ich Dich nicht vor morgen sehen werde. Mir geht es heute viel besser. In der Tat – alles, worüber ich zu klagen habe, ist fehlende Kraft und ein leichtes Spannen in der Brust. Ich habe Sam um seinen heutigen Spaziergang mit Dir beneidet, was ich nicht mehr tun will, da ich vom Beneiden müde werden könnte. Ich stelle mir Dich jetzt vor, wie Du in Deinem neuen schwarzen Kleid dasitzt, das ich so gern habe. Wenn ich etwas weniger selbstisch wäre und etwas mehr enthusiastisch, würde ich zu Dir laufen und Dich durch Klopfen am Haustor überraschen. Ich fürchte, ich bin für eine Art von sterbendem Liebhaber zu weise. Doch es ist ein großer Unterschied zwischen dem Abgehen in Erregung wie Romeo und einem Abgang wie ein erfrorener Frosch. Ich hatte heute nichts Besonderes zu sagen, aber ich schreibe etwas, da ich nicht beabsichtige, eine Unterbrechung in unserer Korrespondenz eintreten zu lassen (die ich später einmal Murray anzubieten beabsichtige). Gott segne Dich, mein süßes Lieb! Krankheit ist eine lange Gasse, doch ich sehe Dich an ihrem andern Ende und will meinen Schritt so gut als möglich beschleunigen.

J.K.

[Wentworth Place,
März 1820]

Liebes Mädchen,

gestern mußt Du mich für unwohler gehalten haben, als ich wirklich war. Ich versichere Dir, es war nur Bedauern darüber, daß ich gezwungen war, mir eine Umarmung zu versagen, die so oft das höchste Entzücken meines Lebens war. Ohnedies wäre mir selbst meine Gesundheit nichts wert. Sam wollte nicht hereinkommen – ich wollte ihn nur fragen, wie es Dir heute morgen geht. Wenn man sich nicht ganz wohl fühlt, wendet man sich an die, die man liebt: das ist keine Schwäche des Geistes bei mir: Du weißt, solange ich gesund war, dachte ich nur an Dich; wenn ich es wieder sein werde, wird es ebenso sein. Brown hat mir mitgeteilt, daß eine Andeutung, die Sam gestern abend machte, ihn beunruhigt. Er flüsterte Dir etwas zu, das Brown und den alten Mr. Dilke betraf und anscheinend jenen etwas herabsetzte. Es war im Zusammenhang mit einer Besorgnis um Mr. D. Sr's Tod und der Absicht, nach Chichester zu fahren. Diese Art von Andeutungen weist auf eigene Lösung: man kann keine zartfühlende Unwissenheit über den Gegenstand vorschützen: Du verstehst die ganze Sache. Mein süßes Lieb, wenn irgend jemand Dir, Deiner Mutter oder Sam über Umstände falsch berichtet hat, die – wenn auch nur in letzter Linie – bei Leuten Verdacht erregen könnten, die infolge ihrer eigenen parteiischen Ansichten andere schlechtmachen: Bitte sag mirs, denn ich empfinde den geringsten Angriff auf Browns lauteren Charakter sehr tief. Vielleicht dürfte Reynolds oder ein anderer meiner Freunde gegen Abend kommen. Daher magst Du Dich entschließen, ob Du mich heute eher besuchen willst vor oder nach dem Essen, wie es Dir paßt. Empfiehl mich Deiner Mutter und sag ihr, sie soll Dich zu mir schleppen, wenn Du den geringsten Unwillen zeigst –

[Unterschrift fehlt]

[Kentish Town,
Mai 1820]

Mein liebstes Mädchen,

ich bemühe mich, so geduldig wie möglich zu werden. Hunt unterhält mich sehr freundlich – außerdem habe ich Deinen Ring an meinem Finger und Deine Blumen auf dem Tisch. Ich werde nicht erwarten, Dich schon zu sehen, weil es mir soviel Schmerz bereiten würde, von Dir wieder zu scheiden. Wenn die Bücher kommen, die Du brauchst, sollst Du sie haben. Ich fühle mich heute nachmittag sehr wohl. Meine Liebste …

[Unterschrift abgeschnitten]

Dienstag nachmittag.
[Kentish Town, Mai 1820]

Meine liebste Fanny,

während der vergangenen Woche war ich damit beschäftigt, die schönsten Stellen in Spenser für Dich zu bezeichnen, und tröstete mich, daß ich auf eine Art beschäftigt war, Dir (wenn auch nur geringes) Vergnügen zu bereiten. Es hat meine Stunden sehr erhellt. Mir geht es viel besser. Gott segne Dich.

Dein Dir zugetaner

J. Keats.

Dienstag vorm.
[Kentish Town, Mai 1820]

Mein liebstes Mädchen,

ich schrieb gestern einen Brief für Dich in der Erwartung, Deine Mutter zu sehen. Ich will egoistisch genug sein, ihn zu senden, obwohl ich weiß, daß er Dich ein wenig schmerzen wird, denn ich möchte Dich wissen lassen, wie unglücklich ich aus Liebe zu Dir bin, und Dich, soviel ich kann, zu bewegen trachten, daß Du Dein ganzes Herz mir gibst, dessen ganze Existenz an Dir hängt. Du könntest keinen Schritt tun oder kein Augenlid bewegen, ohne daß es mir zu Herzen ginge – mich hungert nach Dir. Denk an nichts, außer an mich. Lebe nicht, als ob ich nicht existierte. Vergiß mich nicht – aber habe ich ein Recht zu sagen, Du vergißt mich? Vielleicht denkst Du den ganzen Tag an mich. Habe ich ein Recht zu wünschen, daß Du um meinetwillen unglücklich bist? – Du würdest mir diesen Wunsch verzeihen, wenn Du wüßtest, wie leidenschaftlich ich wünsche, daß Du mich liebst. – Habe ich ein Recht zu wünschen, daß Du mich liebst wie ich Dich, daß Du an niemand anderen denkst als an mich? Habe ich gar ein Recht, diesen Wunsch niederzuschreiben? Gestern und heute morgen wurde ich von einer lieblichen Vision verfolgt – ich habe Dich die ganze Zeit in Deinem Schäferin-Kostüm gesehen. Wie meine Sinne darob schmerzten! Wie mein Herz Dir ergeben war! In der Tat, ich glaube, eine wirkliche Liebe ist genug, um das weiteste Herz auszufüllen. Daß Du allein in der Stadt warst, hat mich sehr erschreckt, als ich es erfuhr – doch ich habe es erwartet – *versprich mir, daß Du es für einige Zeit nicht mehr tun willst, bis es mir besser geht.* Versprich mir dies und fülle das Papier mit den liebkosendsten Namen. Wenn Du dies nicht freiwillig tun kannst, sag mir's Liebste – sag was Du denkst – gesteh mir's, wenn Dein Herz zu sehr an der Welt hängt. Vielleicht wird es mir dann möglich sein, Dich aus einer größeren Entfernung zu sehen, und nicht möglich, Dich so eng mir selbst nahezubringen. Wenn Du einen Lieblingsvogel aus dem Käfig lassen müßtest, wie würden Deine Augen ihm schmerzlich nachsehen, solange er noch in Sicht ist. Wenn er nicht mehr zu sehen wäre, würdest Du Dich ein wenig erholen. Vielleicht könnte ich glücklicher sein, indem ich dann weniger gequält wäre, wenn Du mir geständest, wieviel Du außer mir benötigst, sofern dies der Fall ist. Wohl magst Du ausrufen: Wie egoistisch, wie grausam, mich meine Jugend nicht genießen zu lassen, mich unglücklich zu wünschen! Du mußt es sein, wenn Du mich liebst. Bei meiner Seele, ich kann mit sonst nichts zufrieden sein. Wenn Du Dich wirklich – was man so nennt – unterhalten könntest bei einer Gesellschaft – wenn Du den Leuten zulächeln und *jetzt* wünschen kannst, daß sie Dich bewundern –, dann hast Du mich niemals geliebt noch wirst Du mich jemals lieben. Ich sehe das *Leben* nur in der Gewißheit Deiner Liebe – überzeuge mich davon, Süßeste. Wenn ich nicht auf irgendeine Weise davon überzeugt werde, sterbe ich an den Qualen. Wenn wir lieben, dürfen wir nicht wie andere Männer und Frauen leben – ich kann das Giftkraut der Mode nicht genießen, mich nicht begeistern für Fexereien und Geschwätz. Du mußt mein sein, um auf der Folterbank zu sterben, wenn ich es verlange. Ich will nicht sagen, daß ich mehr Gefühl habe als meine Mitmenschen, aber ich wünsche von Dir ernsthaft, daß Du meine Briefe, die freundlichen und unfreundlichen, durchsiehst und bedenkst, ob der Mensch, der sie geschrieben, imstande sein kann, die Qualen und Ungewißheiten noch länger zu ertragen, die zu erregen Du so merkwürdig geschaffen bist. Die Wiederherstellung meiner körperlichen Gesundheit wird für mich keine Wohltat sein, wenn Du nicht mein bist, sobald ich wieder gesund bin. Um Gotteswillen rette mich – oder sag mir, daß meine Leidenschaft Dir zu furchtbarer Natur ist. Nochmals: Gott segne Dich.

J. K.

Nein – meine süße Fanny – ich habe unrecht – ich wünsche nicht, daß Du unglücklich bist – und doch tue ich es, muß es, solange es eine so liebliche Schönheit gibt – meine Lieblichste, mein Liebling! Leb wohl! Ich küsse Dich – o die Qualen!

Mittwoch vormittag.
[Kentish Town, 5. Juli 1820]

Mein liebstes Mädchen,

ich war heute morgen spazieren mit einem Buche in der Hand, aber wie gewöhnlich habe ich mich mit nichts außer Dir beschäftigt: ich wünschte, ich könnte sagen, auf eine angenehme Weise. Tag und Nacht bin ich geplagt. Man spricht über meine Reise nach Italien. Es ist gewiß, daß ich niemals genesen werde, wenn ich so lang von Dir geschieden sein muß. Doch mit all dieser Ergebenheit für Dich kann ich mir nicht das geringste Zutrauen zu Dir beibringen. Vergangene Erfahrung verbunden mit der Tatsache meiner langen Trennung von Dir bereitet mir Qualen, die kaum beschrieben werden können. Wenn Deine Mutter kommt, werde ich sie sehr unvermittelt und bestimmt fragen, ob Du bei Mrs. Dilke gewesen bist, denn sie könnte nein sagen, um mich zu beruhigen. Ich bin wörtlich zu Tode erschöpft, was mein einziger Rückfall zu sein scheint. Ich kann nicht vergessen, was geschehen ist. Was? Nichts für einen Mann von Welt, aber für mich furchtbar. Ich will mich davon soviel als möglich befreien. Als Du mit Brown zu flirten pflegtest, würdest Du aufgehört haben, wenn Dein Herz eine Hälfte des Schmerzes gefühlt hätte, den meines fühlte. Brown ist eine gute Art von Mensch – er wußte nicht, daß er mich Zoll für Zoll umbrachte. Ich spüre die Wirkung jeder dieser Stunden jetzt in meiner Seite; und aus diesem Grunde, obwohl er mir viele Dienste erwiesen hat, obwohl ich seine Liebe und Freundschaft für mich kenne, obwohl ich jetzt ohne einen Penny dastände, hätte er mir nicht geholfen, will ich ihn niemals mehr sehen oder sprechen, bis wir beide alte Männer sind, wenn wir es werden sollen. Ich *will* mich dagegen wehren, daß aus meinem Herzen ein Fußball gemacht wird. Du wirst dies Verrücktheit nennen. Ich habe Dich sagen hören, daß es nicht unangenehm wäre, ein paar Jahre zu warten – Du hast Unterhaltungen – Dein Sinn ist abwesend – Du hast nicht über einer Idee gebrütet wie ich, wie solltest Du? Du bist für mich ein Gegenstand, der äußerst begehrenswert ist – die Luft, die ich in einem Zimmer ohne Dich atme, ist ungesund. Ich bin nicht dasselbe für Dich – nein – Du kannst warten – Du hast tausenderlei Beschäftigungen – Du kannst glücklich sein ohne mich. Jede Gesellschaft, jedes Ding, um den Tag auszufüllen, würde Dir genügen. Wie hast Du diesen Monat verbracht? Wem hast Du zugelächelt? All dies mag an mir wild erscheinen. Du fühlst nicht wie ich – Du weißt nicht, was es ist, zu lieben – eines Tages dürftest Du es wissen – Deine Zeit ist nicht gekommen. Frage Dich selbst, wie viele einsame unglückliche Stunden Dir Keats verursacht hat. Ich selbst war ein Märtyrer die ganze Zeit, und aus diesem

Grunde spreche ich; das Bekenntnis wird mir abgerungen durch Folter. Ich appelliere an Dich beim Blute des Christus, an den Du glaubst: Schreibe mir nicht, wenn Du diesen Monat etwas getan hast, das zu sehen mir schmerzlich gewesen wäre. Du könntest Dich geändert haben – wenn nicht – wenn Du bei Tanzunterhaltungen und anderen Gesellschaften Dich noch immer beträgst, wie ich es beobachtete – wünsche ich nicht zu leben – wenn Du es getan hast, wünsche ich, daß diese kommende Nacht meine letzte sein möge. Ich kann ohne Dich nicht leben und nicht nur nicht ohne Dich, sondern nicht ohne Dein *keusches tugendhaftes Ich*. Die Sonne steigt und fällt, der Tag vergeht, und Du folgst Deinen Neigungen bis zu einem gewissen Ausmaße – Du hast keinen Begriff vom Umfang des Elends, das in einem Tag durch mich geht. – Sei ernst! Die Liebe ist kein Spielzeug – und nochmals: schreibe nicht, wenn Du es nicht mit kristallklarem Gewissen tun kannst. Ich würde eher infolge Mangel an Dir sterben als –

Dein für immer

Keats.

[Kentish Town,
Juli 1820]

Meine liebste Fanny,

mein Kopf ist heute morgen verwirrt, und ich weiß kaum, was ich sagen soll, obwohl ich voll von hunderterlei bin. Es ist gewiß, daß ich heute morgen lieber Dir schreiben möchte, ungeachtet des Schmerzes, der sich dieser Beschäftigung beimischt, als ein anderes Vergnügen, sogar das der Gesundheit, zu genießen, das mit Dir nicht zusammenhängt. Ich wünschte, Du wüßtest von der Zärtlichkeit, mit der ich beständig über Deinen wechselnden Gesichtsausdruck, Deine Bewegungen und Deine Kleidung nachdenke. Ich sehe Dich am Morgen herunterkommen: ich sehe Dich, wie Du mich beim Fenster triffst – ich sehe jedes Ding, das ich je gesehen, ewig noch einmal. Wenn ich in angenehme Stimmung gerate, lebe ich in einer Art glücklichen Elends, wenn in unangenehme, ist es elendes Elend. Du beklagst Dich über meine schlechte Behandlung in Wort, Gedanken und Tat – es tut mir leid – manchmal fühle ich bitteres Leid, daß ich Dich jemals unglücklich gemacht habe – meine Entschuldigung ist, daß diese Worte mir durch die Kraft meiner Gefühle abgerungen wurden. Auf alle Fälle und in jedem Fall habe ich unrecht; könnte ich glauben, daß ich es ohne Grund getan habe, wäre ich der aufrichtigste Büßer. Ich könnte meinen Reuegefühlen jetzt nachgeben, ich könnte jeden Verdacht widerrufen, ich könnte mein Herz und meine Seele mit Dir vermischen, obwohl ich abwesend bin, wenn nicht einige

Teile Deiner Briefe wären. Hältst Du es für möglich, daß ich Dich jemals verlassen könnte? Du weißt, was ich über mich denke und was über Dich. Du weißt, daß ich fühlen würde, wie sehr es mein Verlust wäre und wie wenig der Deine. Meine Freunde lachen über Dich! Ich kenne einige von ihnen – wenn ich sie alle kenne, werde ich niemals mehr an sie als meine Freunde oder selbst als meine Bekannten denken. Meine Freunde haben sich gegen mich in jeder Lage tadellos benommen mit einer Ausnahme, und da wurden sie zu Schwätzern und spürten mir nach, indem sie einem Geheimnis nachforschten, für das ich lieber sterben als es mit dem Vertrauen eines andern teilen möchte. Deswegen kann ich ihnen nichts Gutes wünschen. Es liegt mir nichts daran, einen von ihnen wiederzusehen. Wenn ich schon das Thema bin, will ich doch nicht der Freund müßiger Schwätzer sein. Gütige Götter, was für eine Schande ist es, daß unsere Liebe so unter das Mikroskop einer Coterie gelegt werden soll. Ihr Lachen sollte Dich nicht berühren (ich dürfte Dir vielleicht eines Tages Gründe nennen für dieses Lachen, denn ich vermute, daß mich ein paar Leute stark genug hassen, *aus Gründen, die ich kenne*, die vorgegeben haben, eine große Freundschaft für mich zu empfinden), wenn es in Wettbewerb mit einem tritt, der, wenn er Dich niemals mehr sehen sollte, Dich zur Geheiligten seiner Erinnerung machen würde. Diese Lacher, die Dich nicht mögen, die Dich um Deine Schönheit beneiden, die mich am liebsten für immer von Dir verbannt hätten: die meinen Glauben an Dich immerwährend entmutigten. Die Leute sind rachsüchtig – kümmere Dich nicht um sie – tu nichts außer mich liebhaben – wenn ich dies sicher wüßte, wäre Leben und Gesundheit für mich der Himmel und selbst der Tod weniger schmerzvoll. Ich werde Dir niemals völlig Lebewohl sagen können. Wenn ich dazu bestimmt bin, mit Dir hier glücklich zu sein – wie kurz ist das längste Leben. Ich wünsche an die Unsterblichkeit zu glauben – ich wünsche mit Dir für immer zu leben. Laß meinen Namen niemals zwischen Dir und diesen Lachern gewechselt werden; wenn ich kein anderes Verdienst hätte als die große Liebe zu Dir, würde dies genügen, um mich in so einer Gesellschaft geheiligt und unerwähnt bleiben zu lassen. Wenn ich grausam und ungerecht gewesen bin, so schwöre ich, daß meine Liebe immer größer war als meine Grausamkeit, die nur eine Minute währt, während meine Liebe immer dauern wird, komme was will. Wenn Zugeständnisse an mich Deinen Stolz verletzt haben, Gott weiß, daß wenig Stolz in meinem Herzen war, wenn ich an Dich dachte. Dein Name kommt niemals über meine Lippen – laß meinen nicht über Deine kommen. Diese Leute mögen mich nicht. Du wünschst mich zu sehen, selbst nachdem Du meinen Brief gelesen hast. Ich bin kräftig genug, um hinüberzugehen – aber ich wage es nicht. Ich werde so viel Schmerz empfinden, wenn ich wieder von Dir scheiden muß. Mein teuerstes Lieb, ich fürchte mich, Dich zu sehen; ich bin stark, aber nicht stark genug, um Dich zu sehen. Werde ich Dich jemals wieder im Arme halten, und wenn es sein sollte, werde ich gezwungen sein, Dich wieder zu verlassen? Mein süßes Lieb! Ich bin glücklich, solange ich an Deinen ersten Brief glaube. Gib mir nur die Gewißheit, daß Du mein bist mit Herz und Seele, und ich könnte viel glücklicher sterben, als ich sonst leben könnte. Wenn Du mich für grausam hältst – wenn Du glaubst, daß ich Dich getäuscht habe – überdenke es nochmals und blick in mein Herz. Meine Liebe zu Dir ist »wahr wie die Einfachheit der Wahrheit und einfacher als die Kindheit der Wahrheit«, wie ich schon einmal gesagt zu haben glaube. Wie könnte ich Dich täuschen, wie drohen, Dich zu verlassen? Nicht im Zustande einer Drohung gegen Dich – nein – aber im Zustande des Elends in mir selbst. Meine lieblichste, meine köstlichste, mein Engel Fanny! halte mich nicht für so einen gewöhnlichen Menschen. Ich will so geduldig in meiner Krankheit sein und so an die Liebe glauben, wie ich kann.

Dein für immer meine Liebste

John Keats.

[Kentish Town,
August 1820]

Ich schreibe dies erst am Schluß,
damit es niemand sehen kann.

Mein liebstes Mädchen,

ich wünschte, Du könntest etwas erfinden, um mich ganz glücklich zu machen ohne Dich. Jede Stunde lebe ich mehr und mehr in Dir; alles andere schmeckt wie Spreu in meinem Munde. Es kommt mir fast unmöglich vor, daß ich nach Italien gehen soll – ich kann Dich nicht verlassen und werde niemals eine Minute Frieden genießen, bevor es dem Schicksal gefällt, mich mit Dir leben zu lassen. Aber so will ich nicht fortfahren. Ein gesundes Geschöpf wie Du kann sich keine Vorstellung machen von den Qualen, durch die Nerven und ein Temperament gleich meinem hindurchgehen müssen. Auf welche Insel sollen wir uns nach dem Vorschlag Deiner Freunde zurückziehen? Ich wäre glücklich, dorthin mit Dir allein zu gehen, aber in Gesellschaft würde ich mich dagegen sträuben. Die Verleumdungen und Eifersüchteleien neuer Kolonisten, die nichts anderes haben, um sich zu vergnügen, sind unerträglich. Mr. Dilke besuchte mich gestern und bereitete mir mehr Schmerz als Freude. Es wird mir nie mehr möglich sein, die Gesellschaft eines von denen zu ertragen, die sich in Elm Cottage und Wentworth Place zu treffen pflegten. Die letzten zwei Jahre schmecken wie Messing auf meinem Gaumen. Wenn ich nicht mit Dir leben kann, will ich allein leben. Ich glaube nicht, daß meine Gesundung große Fortschritte machen wird, während ich von Dir getrennt bin. Aus all diesen Gründen bin ich abgeneigt, Dich zu sehen – ich kann nicht Lichtblitze vertragen, um wieder in mein Düster zurückzukehren. Ich bin jetzt nicht so unglücklich, wie ich es wäre, wenn ich Dich gestern gesehen hätte. Es scheint so unmöglich, daß ich mit Dir glücklich sein kann! Dazu gehört ein glücklicherer Stern als der meine! Es wird niemals dazu kommen. Ich schließe eine Stelle aus einem Deiner Briefe bei, die ich Dich ein wenig zu ändern bitte – ich wünsche (wenn es Dir so paßt) mir die Angelegenheit weniger kühl erklärt. Wenn meine Gesundheit es aushielte, könnte ich ein Gedicht schreiben, das mir durch den Sinn geht und ein Trost wäre für Menschen, die sich in einer ähnlichen Lage befinden wie ich. Ich würde jemanden zeigen, der gleich mir in ein Wesen verliebt ist, das in solcher Freiheit lebt wie Du. Shakespeare faßt das Wesentliche immer in souveränster Weise zusammen. Hamlets Herz war voll von solchem Elend, wie es das meine ist, als er zu Ophelia sagte: »Geh in ein Kloster, geh, geh!« Wahrhaftig, ich möchte sofort alles aufgeben, ich möchte gern sterben. Ich ekle mich vor der brutalen Welt, der Du zulächelst. Ich hasse die Männer und noch mehr die Frauen. Ich sehe in der Zukunft nichts als Dornen. Wo immer ich auch nächsten Winter sein mag, in Italien oder nirgendswo, Brown wird Dir nahe sein mit seinen Unverschämtheiten. Ich sehe keine Aussichten, irgendwie zur Ruhe zu kommen. Nimm an, ich wäre in Rom – ich würde Dich dort wie in einem Zauberspiegel sehen zu allen Stunden, wie Du in die Stadt kommst und aus ihr gehst – ich wünschte, Du könntest meinem Herzen ein wenig Vertrauen zur menschlichen Natur einflößen. Ich kann keins aufbringen – die Welt ist mir zu brutal – ich bin so froh, daß es so etwas wie das Grab gibt – ich bin gewiß, daß ich niemals Ruhe haben werde, bevor ich nicht dort bin. Doch will ich befriedigt sein, wenn ich nie mehr etwas von Dilke oder Brown oder von irgendeinem ihrer Freunde sehe. Ich wollte, ich wäre entweder voller Glauben in Deinen Armen oder ein Donnerschlag träfe mich.

Gott segne Dich. J. K.

24. Okt. [1820],
Hafen von Neapel

Meine liebe Mrs. Brawne,

wenige Worte werden Ihnen sagen, was für eine Überfahrt wir hatten und in was für einer Situation wir sind, da unsere Briefe, die infolge der Quarantäne spärlich sein müssen, der Öffnung zum Zwecke der Desinfektion durch das Sanitätsamt unterliegen. Wir müssen zehn Tage im Schiff verbleiben und sind gegenwärtig in einer Reihe von Schiffen eingeschlossen. Die Seeluft hat mir ungefähr im gleichen Maße wohlgetan, wie mir das stürmische Wetter sowie die schlechte Unterkunft und Verpflegung geschadet haben. So bin ich ungefähr im gleichen Zustande wie vorher. Grüßen Sie mir Fanny von Herzen und sagen Sie ihr, daß, wenn ich wohl wäre, hier in diesem Hafen von Neapel genug sein würde, um ein Buch Papier zu füllen – aber es sieht aus wie ein Traum – jeder Mensch, der sein Boot rudern und gehen und sprechen kann, scheint ein von mir verschiedenes Wesen zu sein. Ich fühle mich nicht in der Welt. Es war für mich ein Unglück, daß einer der Passagiere eine junge schwindsüchtige Dame ist – ihre Torheit hat mich gequält – das Wissen um ihre Beschwerden –

die Röte in ihrem Gesicht, alle ihre Krankheitsanzeichen haben auf mich gelauert – auch wenn ich gesund wäre, würden sie es getan haben. Severn ist wohl ein sehr netter Mensch, aber seine Nerven sind zu stark, um durch die Krankheiten anderer geschädigt zu werden – ich erinnere mich, daß mir der arme Rice auf der Insel Wight in derselben Weise zur Last fiel – ich werde eine Entlastung verspüren, wenn die Dame außer meiner Sehweite sein wird. Es ist unmöglich, genau zu beschreiben, in welchem Gesundheitszustand ich bin – gegenwärtig leide ich sehr viel an Verdauungsstörung, was diesen Brief so unverdaulich macht. Ich wünschte, daß Sie mich immer für ein wenig elender hielten, als ich wirklich bin; da ich keine sanguinische Natur bin, dürfte ich Erfolg haben. Wenn ich nicht genese, wird Ihr Bedauern gelindert sein – wenn ich genese, wird Ihre Freude verdoppelt sein. Ich wage es nicht, meine Gedanken an Fanny zu hängen, ich habe nicht gewagt, an sie zu denken. Der einzige Trost, den ich in dieser Hinsicht hatte, bestand darin, durch Stunden nur daran zu denken, daß ich das Messer habe, das sie mir in einem silbernen Etui gab – das Haar in einem Medaillon – und das Notizbuch in einem Goldnetz. Zeigen Sie ihr dies. Ich wage nicht, mehr zu sagen. Doch müssen Sie nicht glauben, daß ich so krank bin, wie dieser Brief aussehen mag, denn wenn jemals ein Mensch ohne die Fähigkeit zu hoffen geboren wurde, so bin ich es. Severn schreibt an Haslam, und ich habe ihn gerade gebeten, Haslam zu ersuchen, Ihnen seinen Bericht über meinen Gesundheitszustand zu schicken. Oh, was für einen Bericht vom Golf von Neapel könnte ich Ihnen geben, wenn ich mich noch einmal als Bürger dieser Welt fühlen könnte – ich fühle, daß ein Geist in meinem Hirn es angenehm hervorbrächte – Ach, was für ein Elend ist es, einen zersplitterten Geist zu haben. Nochmals meine herzlichen Grüße an Fanny – sagen Sie Tootts, ich wollte, ich könnte ihr einen Korb voll Trauben hinauflangen –, und sagen Sie Sam, daß die Jungens hier mit einer Leine einen kleinen Fisch fangen, der einer Sardelle sehr ähnlich ist. Empfehlen Sie mich Mr. und Mrs. Dilke – lassen Sie Brown wissen, daß ich in Portsmouth einen Brief an ihn schrieb, den ich nicht absandte und von dem ich bezweifle, ob er ihn jemals sehen wird.

Meine liebe Mrs. Brawne

Ihr aufrichtiger und Ihnen zugetaner

John Keats –

Lebe wohl, Fanny! Gott schütze Dich.

John Keats
Briefe an Freunde

1817-1820

An Benjamin Bailey

[22. November 1817]

Mein lieber Bailey,

ich will den ersten Teil dieses (un-besagten) Schreibens so schnell wie möglich hinter mich bringen, denn er betrifft den armen Crips. Ein Mensch von Ihrer Wesensart muß einen Brief wie den von Haydon als überaus verletzend empfinden. Was verursacht den größten Teil allen Zanks in der Welt? Ganz einfach dies: Zwei Gesinnungen begegnen sich und lernen einander nicht gründlich genug kennen, um zu vermeiden, daß des einen Betragen den anderen erschreckt oder überrascht. Kaum, daß ich Haydon drei Tage kannte, wußte ich auch schon genug über seinen Charakter und hätte mich über einen Brief wie den, mit dem er Sie verletzte, nicht mehr wundern können. Noch war es, als ich das erkannte, für mich eine grundsätzliche Frage, den Umgang mit ihm aufzugeben, wohingegen Sie Ihr Gefühl gedrängt hätte. Wüßten Sie nur alles, was ich über Genie und Herz denke, doch ich glaube wohl, daß Ihnen ganz und gar vertraut ist, was ich im Innersten dazu meine, sonst könnten Sie mich nicht selbst nach so langer Bekanntschaft noch immer für würdig halten, Ihr guter Freund zu sein. Nebenbei muß ich jedoch von einer Sache sprechen, mit der ich mich jüngst arg herumgeplagt habe, wodurch meine Demut wie auch meine Fähigkeit, mich unterzuordnen, wuchsen. Und das ist die eine Wahrheit – geniale Menschen gleichen in ihrer Bedeutung gewissen ätherischen Chemikalien; sie wirken auf die Masse des neutralen Verstandes, besitzen indessen keinerlei Individualität, keinen bestimmten Charakter – die wenigen ganz Auserlesenen von ihnen, die ein eigenes Selbst haben, würde ich Menschen der Macht nennen.

Doch ich verrenne mich in ein Thema, dem ich gewiß nicht ohne fünfjähriges Studieren und in weniger als drei vollgeschriebenen Oktavbänden gerecht werden kann, und überdies habe ich das Verlangen, über die Imagination zu sprechen. Mein lieber Bailey, denken Sie doch nach Möglichkeit nicht an diese unerfreuliche Angelegenheit. Tun Sie's nicht. Ich bin dagegen, daß hieraus Böses entsteht – ich bin dagegen. Ich werde diese Woche an Crips schreiben und ihn bitten, mir von Zeit zu Zeit einen Brief darüber, was er so treibt, zu schreiben, ganz gleich, wo ich mich gerade aufhalte. Es wird alles gut werden, drum seien Sie nicht verdrießlich, nur, weil Sie plötzlich eine Kälte an Haydon wahrgenommen haben. Bitte nicht, mein lieber Freund. Ach, könnte ich nur ebenso sicher glauben, daß all Ihre Sorgen so bald ein Ende haben, wie ich glaube, daß Ihr augenblickliches Zweifeln an der Echtheit der Imagination bald vorüber ist. Sicher bin ich mir nur der Heiligkeit der Neigungen des Herzens und der Wahrheit der Imagination. Was die Imagination als Schönheit ergreift, das muß Wahrheit sein, ob es zuvor existiert hat oder nicht, denn ich habe von all unseren Leidenschaften dieselbe Auffassung wie von der Liebe; durch ihre Sublimierung bringen Sie alle die Essenz der Schönheit hervor. Mit einem Wort, Sie können meine Lieblingsideen aus meinem ersten Buch erfahren und aus dem kleinen Lied, das ich Ihnen mit letztem schickte, welches eine phantasievolle Darstellung des möglichen Vorgehens in diesen Dingen ist. Die Imagination kann man mit Adams Traum vergleichen, er erwachte und erkannte ihn als Wahrheit. Ich lasse mich um so weniger von dieser Sache abbringen, als ich noch nie erfassen konnte, wie man irgend etwas durch folgerndes Denken als Wahrheit erkennen kann, und doch muß es das geben. Hätte wohl selbst der größte Philosoph jemals sein Ziel erreichen können, ohne sich über mannigfache Einwände hinwegzusetzen? Wie auch immer – oh, alles für ein Leben der Empfindungen statt der Gedanken! Es ist eine »Vision in Gestalt der Jugend«, ein Schatten der künftigen Wirklichkeit – und diese Betrachtung hat mich in meinen Ansichten noch bestärkt, kam sie doch einer anderen Lieblingsidee von mir zu Hilfe, daß wir im Künftigen deshalb Freude haben werden, weil wir das, was wir auf Erden Glück heißen, in verfeinertem Ton wiederholen und es uns so wieder holen. Indes kann solch Geschick nur jenen widerfahren, die sich an Empfindungen ergötzen, statt, so wie Sie, nach Wahrheit dürsten. Adams Traum genügt hierbei und beweist augenscheinlich, daß die Imagination und ihre himmlische Widerspiegelung dasselbe ist wie das menschliche Leben und seine Wiederholung im Geiste. Aber wie ich eben sagte – die einfache Imagination kann in der Wiederholung ihres eigenen stillen Wirkens

Befriedigung finden, das den Geist fortwährend mit schöner Plötzlichkeit überkommt, um das Große mit dem Kleinen zu vergleichen. Haben Sie nie, wenn Sie von einer alten Melodie überrascht wurden – an einem lieblichen Ort vorgetragen, von einer lieblichen Stimme –, aufs neue genau dieselben Gedanken und Ahnungen empfunden, die Sie hatten, als sie zum erstenmal an Ihre Seele rührte? Erinnern Sie sich nicht, wie Sie sich das Antlitz der Sängerin unwirklich schön vorstellten und sich doch im Hochgefühl des Augenblicks nicht dessen bewußt waren? Da trugen Sie die Schwingen der Imagination so hoch hinaus, daß das Urbild danach existieren muß – jenes liebliche Gesicht ist es, das Sie sehen. Du liebe Zeit! Ich schweife immer wieder vom Thema ab – sicherlich kann das bei einem komplexen Gemüt nicht genauso sein – einem Gemüt, das Imagination besitzt und zugleich sorgsam mit seinen Früchten umgeht, das zu einem Teil durch die Empfindung existiert und zu einem Teil durch das Denken, das sich unvermeidlich mit den Jahren zum philosophischen Geiste bilden muß – als solches erachte ich das Ihre, und deshalb ist es zu Ihrem dauernden Glück wichtig, daß Sie nicht nur diesen alten Wein des Himmels trinken – womit ich das Wiederkäuen unserer ätherischen Betrachtungen auf Erden meine –, sondern auch Ihr Wissen mehren und alles kennenlernen.

Es freut mich zu hören, daß Sie glauben, bis Ostern fertig zu sein. Bald werden Sie Ihre unerfreuliche Lektüre geschafft haben, und dann! Doch die Welt ist voller Verdruß, und ich habe eigentlich kaum Grund zu denken, ich sei besonders übel dran. Ich glaube, Janes oder Mariannes Meinung über mich ist besser, als ich verdiene, denn ich glaube ganz und gar nicht, daß zwischen der Krankheit meines Bruders und meiner eigenen ein Zusammenhang besteht. Sie kennen die wahre Ursache besser als die beiden, ich muß auch nicht fürchten, so wie Sie gequält zu werden. Sie dachten vielleicht früher einmal, es gäbe so etwas wie irdisches Glück, das man nach einem bestimmten Zeitplan erlangen könne. Ihre Veranlagung mußte Sie zwangsläufig auf diesen Irrweg leiten. Ich erinnere mich kaum, jemals auf irgendein Glück gezählt zu haben. Ich suche es nur in der gegenwärtigen Stunde – nur der Augenblick bewegt mich. Der Sonnenuntergang bringt mich allemal wieder ins rechte Lot – oder wenn ein Sperling an mein Fenster kommt, dann schlüpfe ich in seine Existenz und picke im Kies herum. Das erste, was mir einfällt, wenn ich vom Unglück eines anderen höre, ist dies: »Nun, nichts zu machen – dafür hat er jetzt Gelegenheit, die Kräfte seines Geistes zu erproben.« Und ich bitte Sie, mein lieber Bailey, sollten Sie hernach so etwas wie Kälte an mir beobachten, es nicht für Herzlosigkeit, sondern für ein Absondern zu halten. Glauben Sie mir, manchmal fühle ich eine ganze Woche lang nicht die Spur einer Leidenschaft oder Gemütsbewegung, und manchmal hält das so lange an, daß ich an mir selbst und an der Echtheit der Gefühle, die ich zu anderen Zeiten habe, zu zweifeln beginne, halte sie dann für nichts weiter als ein paar armselige Theatertränen. Meinem Bruder Tom geht es viel besser. Er wird nach Devonshire gehen, wohin ich ihm folgen werde. Zur Zeit bin ich gerade in Dorking angekommen, um einen Tapetenwechsel zu haben und Luftveränderung und sporne mich an, mein Gedicht zum Ende zu bringen, an dem noch 500 Zeilen fehlen. Ich wollte eigentlich schon einen Tag eher hier sein, doch die Familie Reynolds bedrängte mich, in der Stadt zu bleiben und Ihren Freund Christie zu treffen. Rice und Martin waren dort – wir haben über Gespenster geredet. Ich werde demnächst mit Taylor sprechen und Ihnen davon erzählen, wenn ich, so Gott will, zu Weihnachten komme. Ich versuche, diesen »Examiner« zu kriegen. Meine besten Grüße an Gleig. Meine Brüder und Mrs. Bentley lassen grüßen.

Von ganzem Herzen Ihr Freund

John Keats.

Ich möchte Ihnen noch viel mehr sagen – ein paar Stichworte werden mich in Gang bringen.

Adressieren Sie nach Burford Bridge bei Dorking.

An John Hamilton Reynolds

[19. Februar 1818]

Mein lieber Reynolds,

ich kann mir vorstellen, daß ein Mensch auf folgende Weise sein Leben sehr angenehm verbringen könnte – wenn er zum Beispiel an einem Tage eine Seite vollkommene Poesie oder verdichtete Prosa liest und darüber nachsinnt und sich in seinen Gedanken damit beschäftigt und darüber nachdenkt und sich alles eindringlich ausmalt und sich in Ahnungen darüber ergeht und davon träumt, bis es ihm fad wird. Aber wird es das je? Niemals! Wenn der Mensch eine gewisse Reife des Verstandes erlangt hat, so dient ihm jede großartige und geistvolle Stelle als Ausgangspunkt seiner Fahrt zu »allen zweiunddreißig Palästen«. Welch ein Glück ist doch so eine »Reise in der Vorstellung«, welch köstliche, emsige Lässigkeit. Ein Dämmerstündchen auf dem Sofa tut ihm keinen Abbruch, und ein Schläfchen im Klee zeugt himmlische Fingerzeige. Das Geplapper eines Kindes verleiht ihm Flügel, und das Gespräch der Leute in mittleren Jahren die Kraft, sie zu entfalten. Eine Melodie trägt uns in »einen öden Winkel« jener Insel, und wenn die Blätter raunen, »zieht's rund um die Erde einen Gürtel«. Doch soll die Zurückhaltung im Umgang mit kostbaren Büchern keineswegs bedeuten, daß wir ihre Schöpfer geringschätzen, denn vielleicht sind ja die Ehren, die der Mensch dem Menschen erweist, nur hohler Plunder, verglichen mit dem Heil, das große Werke »am Geist und Puls des Guten« tun durch ihr bloßes, passives Vorhandensein. Erinnerung sollte man nicht Wissen nennen. Viele haben einen originellen Geist und glauben es gar nicht – sie sind nur Opfer der Gewohnheit. Nun, ich möchte meinen, daß jeder Mensch wie die Spinne aus seinem Innern heraus sich seine eigene luftige Zuflucht weben kann. An wenigen Blattspitzen und Zweigenden nur beginnt die

Spinne ihr Werk, und sie erfüllt die Luft mit schönen Kreislinien. Der Mensch sollte sich mit ebenso wenigen Punkten begnügen, daran das feine Gewebe seiner Seele zu haften und eine himmlische Tapisserie zu weben, voll von Symbolen für sein geistiges Auge, ganz weich, wenn er sie im Geiste berührt, und weit, daß er im Geiste drin umherschweifen kann, und mit klaren Linien für seine Lust. Doch die Gemüter der Sterblichen sind so verschieden und zu so mannigfaltigen Zielen hingezogen, daß es auf den ersten Blick so aussehen mag, als könne es unter diesen Voraussetzungen unmöglich eine Gemeinsamkeit des Urteils und Verbundenheit bei nur zweien oder dreien geben. Dennoch ist das ganze Gegenteil der Fall. Die Gemüter gehen in verschiedene Richtungen auseinander, kreuzen sich an unzähligen Punkten und treffen sich schließlich am Ende der Reise aufs neue. Ein alter Mann und ein Kind reden miteinander, und der alte Mann wird auf seinen Weg geführt, und das Kind bleibt nachdenklich zurück. Der Mensch sollte nicht streiten oder auf seiner Meinung beharren, sondern seinem Nachbarn nur leise von seinen Einsichten berichten; und wenn jede Faser der Seele so aus dem übersinnlichen Nährboden Kraft saugt, dann können alle Menschen großartig werden; statt ein weites Heideland mit Stechginster und Dornengestrüpp und einem einsamen Eichenbaum oder einer vereinzelten Kiefer hier und da, würde die Menschheit eine gigantische Demokratie von Waldbäumen! Da ist ein altbekannter Vergleich für unser Vorwärtsdrängen: der Bienenstock; doch scheint mir, wir sollten eher die Blume sein als die Biene – denn es ist eine falsche Vorstellung, daß Empfangen einen größeren Gewinn einträgt als Geben. Nein, der Empfangende und der Gebende haben gleichen Nutzen. Die Blume, daran habe ich keinen Zweifel, empfängt einen gerechten Lohn von der Biene – ihre Blätter leuchten im nächsten Frühling noch strahlender. Und wer kann sagen, wer – Mann oder Frau – die größere Wonne empfindet? Nun ist es vornehmer, stillzusitzen wie Jupiter, als herumzufliegen wie Merkur – drum laßt uns nicht hastig ausfliegen, Honig zu sammeln, bienengleich hier und da herumschwirren, voll Ungeduld im Wissen um einen Zweck; laßt uns vielmehr wie eine Blume unsere Blütenblätter öffnen und passiv und empfänglich sein – geduldig erblühen unter Apollos Auge und dem Rate eines jeden prächtigen Insekts folgen, das uns mit seinem Besuch beehrt. Nektar wird unsere Speise sein und Tau unser Trank. Zu diesen Gedanken, mein lieber Reynolds, regte mich die Schönheit des Morgens an, die auf einen müßigen Geist wirkte –

Ich habe noch kein Buch angeschaut. Der Morgen sagte: »Recht so.« Ich dachte an nichts als an den Morgen, und die Drossel sagte: »Recht so!« – schien zu sagen:

> Du, dessen Antlitz fror im Winterwind,
> Der Wolken, schwer von Schnee, im Nebel sah
> Und unter Eissternen schwarze Ulmenkronen:
> Der Frühling wird für dich zur Erntezeit.

Du, dessen einz'ges Buch das Licht nur war
Des tiefsten Dunkels, und es nährte dich
In jeder Nacht, wenn Phoebos nicht mehr herrschte:
Zum dreifach hellen Tag wird dir der Frühling.
Härm dich nach Wissen nicht – ich habe keines,

Doch mit der Wärme kommt zugleich mein Lied.
Härm dich nach Wissen nicht – ich habe keines,
Jedoch der Abend lauscht. Er, der nach Muße
Sich traurig sehnt, kann selbst nicht müßig sein,
Und wach ist er, der sich doch schlafend glaubt.

Nun, ich weiß schon, all das ist bloße Sophisterei (wie nah es auch der Wahrheit kommen mag), um meine eigene Lässigkeit zu entschuldigen. So will ich mir nicht einreden, der Mensch gliche Jupiter, vielmehr sollt ich meinen, er kann zufrieden sein, wenn er so eine Art Aushilfsmerkur ist oder auch nur eine bescheidene Biene. Es spielt keine Rolle, ob ich recht hab oder nicht, ob's so ist oder so, wenn es nur dazu dient, Ihnen ein wenig die Zeit zu vertreiben.

Von ganzem Herzen Ihr Freund

John Keats.

An John Hamilton Reynolds

Teignmouth, den 3. Mai [1818]

Mein lieber Reynolds,

es tut mir so leid, aber ich bin in einer so jämmerlichen Gemütsverfassung, daß es mir nicht ratsam erschien, einem Kranken zu schreiben. Ich kann nicht ausführlich über etwas schreiben, wenn ich mit meinen Gefühlen hinter dem Berge halten muß. Ich hätte Ihnen noch zusätzliche Trübsal aufgeladen, was Sie sich ganz bestimmt nicht wünschen. Jetzt bin ich, Gott sei Dank, in Stimmung, Ihnen für einen guten Heller Preiswertes zu bieten, denn Tom ist nach einer gänzlich schlaflosen Nacht und völlig erschöpft vom Fieber, von einem erfrischenden Tagesschlaf aufgestanden und fühlt sich so gut wie schon lange nicht mehr. Und Sie sind, wie ich hoffe, auch wieder um den Anger gelaufen mit keiner anderen Wirkung, als erfrischt zu sein. Was die Sache angeht, so hoffe ich mit Sir Andrew sagen zu können: »Ich hab genug Sachen im Kopf« zu Ihrem Besten. Und nun, an zweiter Stelle, denn ich hoffe doch, daß ich fertig bin mit meinem »Imprimis«. Bin ich froh, daß Sie über das Wetter hergezogen sind; durch Ihren ganzen Brief zieht sich ein Hang, die Wetterlage zu verfluchen, und Sie wissen, welch köstliche Befriedigung darin liegt, wenn ein anderer etwas verflucht, was einen selber verdrießt. Man möchte meinen, in den letzten 4000 Jahren sei ein Enkelsproß des alten verbotenen Baumes emporgewachsen und eine moderne Eva habe ihn soeben geschändet; und daß mit doppeltem Ansturm angekommen seien:

»Notus und Afer, von Gewitterwolken schwarz,
Aus Sierra Leone.«

Ich werde eher, als ich geglaubt habe, wieder wollne Strümpfe riechen. Tom möchte in die Stadt. Wir werden ein paar Tage in der Heide verleben wie im letzten Sommer, und warum nicht mit demselben Buch: oder was halten Sie von einem 1596 gedruckten Chaucer, hurrah, ich hab nämlich einen! Ich werde ihn gotisch binden lassen – ein hübscher dunkler Einband –, das wird ein wenig dazu beitragen, ihm das Modische zu nehmen. Und zudem sehe ich keinen Grund, weshalb ich, weil ich den letzten Monat fort war, nicht einen Blick in Ihr spenserianisches Opus werfen sollte, wiewohl Sie nach meinem Dafürhalten ein wenig zu früh von Ihrem Amt sprechen, denn es will mir nicht in den Sinn, daß ein Verstand wie der Ihre nicht in der Lage sein sollte, das ganze Mysterium des Rechtswesens ebenso leicht zu schlucken und zu verdauen wie Pfarrer Hugh die Äpfel, was ihn nicht bei seinem poetischen Sekt behinderte. Müßte ich noch einmal Heilkunst oder vielmehr Medizin studieren, so spüre ich, daß das meine Dichtung nicht im geringsten verändern würde: Wenn sich der Verstand noch im Stadium der Kindheit befindet, ist ein Vorurteil tatsächlich ein Vorurteil, doch wenn wir zu größerer Festigkeit gelangt sind, wird aus einem Vorurteil kein Vorurteil.

Jedes Gebiet des Wissens sehen wir als ausgezeichnet und auf ein großes Ganzes hin berechnet. Ich bin so fest davon überzeugt, daß ich froh bin, meine medizinischen Bücher nicht fortgegeben zu haben, die ich mir wieder ansehen will, um das Wenige wachzuhalten, was ich auf diesem Felde weiß. Überdies habe ich vor, mit Ihrer und Rices Hilfe so eine Art Juristenküken zu werden. Denkende Menschen brauchen ein breites Wissen – es vertreibt die Hitze und das Fieber und hilft, indem es die Denkfähigkeit erweitert, die Last des Mysteriums zu verringern, was ich langsam zu begreifen beginne und was auch Sie in dem düstersten und wahrhaftigsten Satz Ihres Briefes bedrückt hat. Der Unterschied zwischen starken Empfindungen mit Wissen und solchen ohne scheint mir der zu sein: Im letzteren Falle stürzen wir fortwährend 10 000 Klafter tief und werden wieder hochgewirbelt ohne Flügel und mit allem Grauen eines flügellosen Geschöpfes. Im ersteren Falle sind unsere Schultern mit Flügeln versehen, und wir schweben ohne Furcht durch dieselbe Luft, denselben Raum. Doch das heißt, mit einem nur gedachten Vorteil Schabernack zu treiben. Wenn wir uns nämlich das menschliche Leben und die Stimmungen vornehmen, so können wir unmöglich wissen, wie man Kopf und Herz miteinander in Einklang bringen soll. Sie werden mir verzeihen, daß ich so treuherzig aus meinen Tiefen hervortrete, wie wenn ein Schulbub Wasser tritt – wir können unmöglich wissen, inwieweit uns Wissen hinwegzutrösten vermag über den Verlust eines Freundes und die Übel, »die unsres Fleisches Erbteil« sind. Was nun Stimmungen und die Poesie angeht, so wissen Sie gewiß dank Ihrer Fähigkeit, sich in mich hineinzuversetzen, was ich darüber denke; und ich möchte meinen, diese paar Verse sind nur eine Bestätigung dessen: Ich schrieb sie am Maientag, und ich möchte die Ode gern recht bald vollenden. –

Mutter des Hermes! heut noch junge Maia!
Darf, dir zum Ruhme, ich
Singen, wie man dich pries am Strand von Baja?
Darf ich umschmeicheln dich
Im früh'ren Sizilianisch? deines Lächelns Gaben
Suchen im Griechenarchipel, wie Barden haben
Gesucht? Sie starben still am Rasenhang,
Schenkend den hohen Vers den Erben mindrer Art.
Gib ihre Kraft mir! Dann mag mein Gesang,
Vom Himmel und von wen'gen nur bewahrt

Du wecktest ihren Sinn –
Und von der Primel; ungehört, dem ihren gleich
Schwinden, sich selbst genug, dahin,
Anbetend schlicht den Tag und dennoch reich.

Sie möchten sicherlich wissen, auf welchen Satz in Ihrem Brief ich eigentlich anspiele. Sie sagen: »Ich fürchte, es ist wenig Hoffnung auf etwas anderes in diesem Leben.« Demnach müssen Sie wohl mit noch schmerzhafterem und heftigerem Eifer durch das gleiche Labyrinth wie ich gegangen sein. Ich bin soweit zu den gleichen Schlüssen gelangt. So manches hab ich daraus abgeleitet, hab zum Beispiel

Wordsworths Genius betrachtet und mich – gleichsam als Hilfsgröße, so, wie das Gold die Meridianlinie allen weltlichen Reichtums ist – gefragt, worin er sich von Milton unterscheidet. Und hier habe ich nur Vermutungen, weil ich mir nicht sicher bin, ob Miltons scheinbar geringere Sorge um die Menschheit daraus herrührt, daß er weiter sieht als Wordsworth oder nicht: und ob Wordsworth wahrhaft epische Leidenschaft besitzt und sich martert um das menschliche Herz, den wichtigsten Bezirk seiner Dichtung. Nehmen wir nur seinen Genius. Wir empfinden als wahr, was er sagt, soweit wir es selbst erfahren haben, und wir können nur durch größere Erfahrung weiter urteilen, denn Axiome der Philosophie sind keine Axiome, solange sie nicht an unserem Puls erprobt sind: Wir lesen etwas Gutes, doch können wir's nie ganz nachempfinden, solange wir nicht dieselben Schritte gegangen sind wie der Schreiber. – Ich weiß, ich drücke mich unklar aus; Sie werden ganz genau verstehen können, was ich meine, wenn ich Ihnen sage, daß ich Hamlet jetzt mehr denn je genießen werde. Vielmehr, Sie wissen sehr wohl, niemand kann die körperliche Liebe als tierische oder freudlose Sache empfinden, ehe er ihrer nicht überdrüssig ist, und deshalb wäre alles Philosophieren darüber bloßes Gerede. Ehe wir was satt haben, begreifen wir's nicht; genauer also, wie Byron sagt: »Wissen ist Leid.« Ich gehe indessen noch weiter und sage: »Leid ist Weisheit« und weiter, soviel wir überhaupt etwas sicher wissen können: »Weisheit ist Narrheit!« Da sehen Sie, wie ich Wordsworth und Milton hinter mir lasse und auch noch weiter über alles, was in meinem Kopfe ist, hinausgehen will, damit ich am Ende erkenne, daß manche Briefe schön quadratisch sind, manche hübsch oval und manche rund, manche sphäroidisch, und warum sollte es nicht auch noch welche geben mit zwei scharfen Zacken wie eine Rattenfalle? Ich hoffe, Sie rechnen alle meine langen Briefe dieser Spezies zu, dann ist alles gut, denn durch die bloße zarte und ätherische Berührung der Feder wird das gezackte Ding sogleich zu einem geschlossenen Gebilde einrasten; und so können Sie aus meinen Bruchstücken einen schönen runden Leib mit Ihrem eigenen Sauerteig darin machen. Wenn Ihnen die besagte Rattenfalle nicht handlich genug ist, um so schlimmer für mich, weil es meiner Tinte von Natur aus unmöglich ist, sich auf andere Weise zu verklecksen: Wenn ich lange Briefe hinkritzele, müssen meine Launen sich dabei austoben können. Ich muß seitenlang ganz tiefschürfend oder aber ganz oberflächlich sein, ich muß locker sein und frei von Metaphern und Formen, ich muß meine Züge ausspielen können, wie es mir paßt, und um meines Vorteils und Ihrer Gelehrsamkeit willen einen weißen Stein zu einer schwarzen Dame machen oder einen schwarzen mit einer weißen und nach schwarz oder nach weiß ziehen können, weit oder kurz, wie es mir paßt.

Ich muß von Hazlitt zu Patmore springen und Wordsworth und Coleman ein Bockspringen veranstalten lassen oder einen von beiden einen ganzen Sonntag nachmittag beim Strumpfbandhissen niederhalten, »von Gray zu Gay, von Little zu Shakespeare«. Und wie ein langer Prozeß zwei oder mehr Sitzungen auf dem Gericht braucht, so braucht ein langer Brief zwei oder mehr Sitzungen auf dem Hosenboden, weshalb ich nach dem Essen fortfahre.

Haben Sie nicht eine Möwe, einen Schwertwal, eine Seeschwalbe oder irgendwas gesehen, womit man diese Zeile auf die passende Länge bringen und zudem diese Lücke schließen kann; daß ich, gleich einer Möwe, eintauchen kann – ich hoffe, nicht auf Nimmerwiedersehen. Auch hoffe ich, gleich einer Möwe mit etwas Glück einen ansehnlichen Fisch zu erwischen. Diese Art, einen Brief kreuzweise zu schreiben, ruft Gedankenverbindungen hervor, denn Kariertes bringt uns natürlich auf ein Milchmädchen, ein Milchmädchen auf Hogarth, Hogarth auf Shakespeare, Shakespeare auf Hazlitt – Hazlitt auf Shakespeare, und so setzen wir, nur dadurch, daß wir an einem Schürzenbande ziehen, ein ganz schönes Glockenläuten in Gang. Lassen wir's nur ruhig weiterläuten, derweil ich mit Ihrer gütigen Erlaubnis auf Wordsworth zurückkommen will, ob er Weitblick hat oder von beschränkter Größe ist, ob er ein Adler in seinem Horst ist oder im Flug. Und, um deutlicher zu werden und Ihnen zu zeigen, wie gut ich neben dem Giganten bestehe, will ich Ihnen ein Gleichnis vom menschlichen Leben geben, soweit ich es jetzt begreife, das heißt, bis zu jenem Punkt, an dem wir beide jetzt, wie ich meine, angelangt sind. Nun – ich vergleiche das menschliche Leben mit einem großen Haus mit vielen Gemächern, von denen ich nur zwei beschreiben kann, weil die Türen der anderen mir noch verschlossen sind. Das erste, in das wir eintreten, nennen wir die Stube der Kindheit oder der Gedankenlosigkeit, in der wir bleiben, solange wir nicht denken. Wir bleiben dort eine lange Weile, und wiewohl die Türen der zweiten Stube all die Zeit über geöffnet sind und leuchtende Helle offenbaren, beeilen wir uns dennoch nicht, dort hineinzugelangen, sondern werden endlich unmerklich dadurch, daß das denkende Prinzip in uns erwacht, hineingedrängt. Kaum haben wir indes die zweite Stube, die ich die Stube der Jungfräulichkeit des Denkens nennen will, betreten, so machen das Licht und die Luft uns ganz benommen, wir sehen nichts als herrliche Wunder und möchten gern für immer und in Freuden dort verweilen. Doch eine der Wirkungen, die dieses Atemschöpfen zeitigt, ist jene gewaltige, daß wir lernen, den Menschen tiefer in ihr Herz und in ihr Wesen hineinzuschauen und mit jeder Faser zu begreifen, daß die Welt voll ist von Elend und Herzeleid, Schmerz, Krankheit und Bedrängnis, wodurch die Stube der Jungfräulichkeit des Denkens sich allmählich verdüstert, und gleichzeitig öffnen sich zu allen Seiten viele Türen, doch alle sind dunkel, alle führen in dunkle Gänge. Wir sehen nicht, wie das Gute und das Böse einander die Waage halten, um uns ist Dunst. Diese Stufe haben wir jetzt erreicht – wir spüren die »Last des Mysteriums«. An diesem Punkt mußte Wordsworth wohl angekommen sein, als er »Tintern Abbey« schrieb, und mir scheint, sein Genius ist dabei, jene dunklen Gänge zu erforschen – wenn wir leben und weiterdenken, werden auch wir sie erforschen. Er ist ein Genie und uns darin überlegen, daß er besser als wir Entdeckungen machen und sie ins Licht rükken kann. Hierin scheint mir Wordsworth tiefer zu gehen als Milton, obwohl ich glaube, daß das mehr mit dem allgemeinen und gesellschaftlichen Fortschreiten des Verstandes als mit seiner individuellen Geistesgröße zu tun hat. Ich hoffe nur, es ist, selbst unter uns, nicht zu vermessen, aus dem »Verlorenen Paradies« und anderen Werken Miltons den Schluß zu ziehen, daß seine Philosophie, die menschliche wie die göttliche, recht wohl von jemandem verstanden werden kann, der noch nicht sehr reich an Jahren ist. Zu seiner Zeit hatten sich die Engländer eben von einem großen Aberglauben emanzipiert, und die Menschen waren zu gewissen festen Angelpunkten und Ruheplätzen gelangt, die noch zu jung waren, um schon angezweifelt zu werden und die vom übergroßen Teil Europas zu heftig angefochten wurden, um nicht für erhaben und wahrhaft göttlich gehalten zu werden. Wer konnte zu jener Zeit seinen Auffassungen von Tugend, Laster und Keuschheit im »Comus« widersprechen, als man eben den Hosenlatz und Hunderte anderer Schändlichkeiten abschaffte? Wer hätte sich nicht mit seinen Ansichten über Gut und Böse im »Verlorenen Paradies« zufriedengegeben, da man der Scheiterhaufen in Smithfield eben ledig war. Die Reformation brachte so unmittelbare und große Wohltaten hervor, daß man annahm, der Protestantismus sei der Unmittelbarkeit des Himmelsauges teilhaftig, und seine eigenen überkommenen Dogmen und Wunderlehren bildeten, als sie dann wieder auferstanden, jene Ruheplätze und scheinbar sicheren Angelpunkte für das Denken. Wie schon erwähnt, scheint Milton, betrachtet man seine Werke, ganz gleich, was er auch in der Folgezeit gedacht haben mag, mit diesen einverstanden gewesen zu sein. Er versenkte sich nicht ins menschliche Herz wie Wordsworth, aber dennoch war Milton als Philosoph gewiß ebenso groß wie Wordsworth. Was läßt sich dann also schlußfolgern? Oh, vieles – es beweist, daß es wirklich einen gewaltigen Vormarsch der Denkfähigkeit gibt. Es beweist, daß eine mächtige Vorsehung die mächtigsten Geister in den Dienst der herrschenden Zeit – für das menschliche Wissen oder für die Religion – zwingt. Oft habe ich die Lehrer bedauert, die sich fortwährend »Nominativ: Musa« ins Ohr blasen lassen müssen. Ich hoffe, mein Geschreibsel bereitet Ihnen nicht ebendiese Pein. Mag sein, daß ich das alles früher schon einmal gelesen hab, doch hatte ich mir nie zuvor auch nur einen ganz vagen Begriff davon gemacht, und überdies sage ich meine Lektion gern einem auf, der meine Langatmigkeit mir zuliebe aushält. Schließlich gibt es gewiß auch etwas Wirkliches in der Welt. Moores Geschenk für Hazlitt ist etwas Wirkliches. Ich mag diesen Moore, und ich bin froh, daß ich ihn unmittelbar, bevor ich die Stadt verließ, im Theater traf. Tom hat heute nachmittag ein bisselchen Blut gespuckt, und das ist ein ziemlicher Dämpfer, doch ich weiß, die Wahrheit ist, es gibt etwas Wirkliches in der Welt. Die dritte Stube des Lebens soll heiter und freundlich sein und wohl versehen mit dem Wein der Liebe und dem Brot der Freundschaft. Wenn Sie George sehen – sollte er keinen Brief von mir erhalten haben, sagen Sie ihm, er wird höchstwahrscheinlich einen daheim vorfinden.

Sagen Sie Bailey, ich hoffe, ihn bald zu sehen. Grüßen Sie alle von mir. Die Blätter sind hier seit vielen Tagen draußen. Ich habe George wegen der ersten Strophen meiner »Isabella« geschrieben. Ich werde sie bald hier haben und will Ihnen dann das Ganze abschreiben.

Von ganzem Herzen Ihr Freund

John Keats.

An Benjamin Bailey

Inverary, den 18. Juli [1818]

Mein lieber Bailey,

an dem einzigen Tag, da ich eine Möglichkeit gehabt hätte, Sie bei Ihrem letzten Besuch in London zu sehen, hab ich alles versucht. Irgendein Teufel hat Sie mir aus dem Wege getrieben. Nun habe ich an Reynolds geschrieben, er soll mir mitteilen, wo Sie in Cumberland sein werden, so daß ich Sie nicht verfehlen kann – und wenn ich Sie sehe, wird das erste, was ich tue, sein, daß ich das über Milton und Ceres und Proserpina lese, denn wenn ich Ihnen auch nicht nach John o'Grotts folge, so ist es doch immerhin poetisch, dies zu behaupten. Und hier, Bailey, will ich ein paar Worte sagen, die bei gesundem und nüchternem Verstand geschrieben sind, was bei mir sehr selten vorkommt, denn sie mögen Ihnen später manch einen Kummer über mich ersparen, den Sie nicht verdienen und für den man mir eine Bastonade verpassen sollte. Ich treibe alles auf die Spitze, so daß, wenn ich irgendein kleines Ärgernis habe, es sich innerhalb von fünf Minuten zu einem Thema für Sophokles aufbläht. Wenn ich dann, in dieser Stimmung, einem Freunde schreibe, habe ich so wenig Selbstbeherrschung, daß ich ihm Kummer bereite, und das womöglich in demselben Augenblick, da ich schon wieder über ein Wortspiel lache. Ihr letzter Brief ließ mich vor Scham erröten wegen des Leids, das ich Ihnen zugefügt hatte. Ich kenne meine eigene Veranlagung gut genug, um zu wissen, daß ich Ihnen bestimmt hernach noch viele Male in der gleichen Weise schreiben werde – nun wissen Sie, wie ernst Sie mich darin zu nehmen haben. Sie müssen es der Imagination nachsehen. Ich weiß, ich werde das nicht ändern können. Es tut mir leid, daß Sie bekümmert sind, weil ich meine Besuche in Little Britain nicht fortgesetzt habe, doch ich denke, ich bin so lange hingegangen, wie jemand das tun kann, der Bücher lesen und über Dinge nachdenken muß. Aus diesem Grunde bin ich nirgendwo gewesen außer in Wentworth Place, was gleich nebenan ist. Überdies war ich nur allzuoft in einer gesundheitlichen Verfassung, die mich glauben ließ, es sei klüger, sich nicht der Nachtluft auszusetzen. Doch darüber hinaus will ich gestehen, daß ich mich in Gesellschaft nicht wohl fühle, ganz gleich, ob in einer kleinen oder in einer größeren. Ich weiß genau, daß unsere schönen Freundinnen sich freuen würden, wenn ich käme und einfach nur da wäre; aber ich weiß genau, daß ich eine Verdrießlichkeit mitbringe, ohne die sie besser dran sind. Wenn ich, ganz gleich wann, merke, daß meine Launen mich überkommen, so nehme ich sogar von versprochenen Besuchen Abstand. Ich weiß genau, ich habe Frauen gegenüber nicht die richtige Einstellung – in diesem Augenblick versuche ich gerecht gegen sie zu sein, aber ich kann nicht. Ob es wohl daran liegt, daß sie so gänzlich hinter den Vorstellungen meiner Knabenzeit zurückblieben? Als ich ein Schulbub war, glaubte ich, eine schöne Frau sei eine reine Göttin, mein Gemüt war ein weiches Nest, in dem eine schlummerte, wenn sie es auch nicht wußte. Ich habe kein Recht, mehr von ihnen zu erwarten als das, was sie wirklich sind. Ich glaubte, sie seien ätherische Wesen, die über den Männern stehen. Jetzt finde ich, sie sind ihnen etwa gleich. Großes wird durchs Vergleichen ganz klein. – Man kann jemand nicht nur mit Worten oder Taten kränken, jemand, der selbst empfindlich gegen Kränkungen ist, mag nichts denken, was einen anderen kränken könnte. Ich mag in Gesellschaft einer Dame nichts Kränkendes denken. Ich begehe ein Verbrechen an ihr, was in ihrer Abwesenheit nicht geschehen wäre. Ist das nicht absonderlich? Wenn ich unter Männern bin, habe ich keine schlechten Gedanken, keine Boshaftigkeit, keinen Groll. Ich habe das Gefühl, reden oder schweigen zu können, wie es mir beliebt, ich kann zuhören und kann von jedem etwas lernen, ich habe die Hände in den Taschen, ich bin gänzlich ohne

Argwohn und fühle mich wohl. Wenn ich unter Frauen bin, habe ich schlechte Gedanken, Boshaftigkeit, ich kann weder reden noch schweigen, ich bin voller Argwohn und höre deshalb gar nicht richtig zu, ich habe nur das Verlangen, schnell wegzukommen. Sie müssen nachsichtig sein und all diese Widernatürlichkeiten dem Umstand zugute halten, daß ich seit meiner Knabenzeit immer wieder enttäuscht worden bin. Doch mit solchen Gefühlen bin ich lieber allein unter einer Masse von Männern, ganz für mich oder mit ein, zwei Freunden. Bei alledem, glauben Sie mir, Bailey, bin ich ganz und gar nicht der Meinung, daß Männer mit anderen Gefühlen und Neigungen kurzsichtiger wären als ich. Nichts hat mich mehr gefreut als die Heirat meines Bruders, und ebenso wird mich die eines jeden meiner Freunde freuen. Ich muß unbedingt damit fertig werden – bloß wie? Der einzige Weg ist, die Wurzel des Übels zu finden und es zu kurieren »mit nach rückwärts gemurmelten Sprüchen, die den Zauber bannen«. Das ist eine schwierige Sache; denn solch ein abscheuliches Vorurteil kann schwerlich anders entstehen als durch eine gordische Verknotung von Gefühlen, die zu entwirren man viel Zeit braucht und viel Vorsicht, damit sie sich nicht von neuem verheddern. Ich könnte noch so allerlei dazu sagen, aber ich will es bleibenlassen und auf bessere und passendere Gelegenheiten hoffen. Auch bin ich überzeugt, daß ich keiner Unrecht tue, denn schließlich denke ich nicht so schlecht von den Frauen, als daß ich annähme, sie könnten sich was draus machen, ob ein Herr John Keats, fünf

Fuß hoch, sie mag oder nicht. Sie wollten ja wohl offenbar jedes Wort zu diesem Thema vermeiden, oder? Glauben Sie nicht, daß ich Sie ärgern will, mein lieber Freund – das soll mein Amen hierzu sein. Ich habe mir diese Viermonatstour durchs Hochland genehmigt, weil ich glaube, daß sie mich reicher an Erfahrungen macht, mehr Vorurteile abschleift, mich mehr gefeit sein läßt gegen Schwierigkeiten und Härten, mir herrlichere Landschaften und gewaltigere Berge zeigt und das Feld meiner Dichtung mehr erweitert, als wenn ich daheim bliebe zwischen Büchern, selbst wenn ich Homer erreichte. Mittlerweile bin ich ein richtiger Bergsteiger geworden, ich war zuviel in Wildnissen und Gebirgen, als daß ich mich über ihre Großartigkeit noch sehr ergehen könnte. Ich habe mich noch und noch von Haferkuchen ernährt, nicht lange genug, um mich sonderlich dafür zu erwärmen. Die ersten Berge, die ich sah, haben mich stark beeindruckt, obwohl sie nicht so hoch waren wie einige andere, die ich seither gesehen habe. Die Wirkung verblaßt langsam, dennoch liebe ich sie vor allem.

Wir sind heute abend mit einem Führer, denn ohne wäre es unmöglich, ins Innere der Insel Mull gekommen auf unserer billigen Tour nach Iona und vielleicht nach Staffa. Wegen der großen Kosten wollten wir nicht auf die übliche und bequeme Weise reisen. Wir sind über Stein und Stumpf und Fluß und Sumpf an ein Haus gelangt, das man in England als schrecklich bezeichnen würde, doch es gehört einem anscheinend ganz gut betuchten

Schafhirten. Die Familie spricht nur Gälisch und kein Wort sonst, und ihre Gesichter haben wir bis jetzt noch nicht gesehen wegen des Rauchs, der, nachdem er in alle Ritzen geguckt hat (meine Augen nicht ausgenommen, was beim Schreiben sehr hinderlich ist), schließlich durch die Tür entweicht. Ich fühle mich an einem solchen Platz wohler, als ich es erwartet hätte, und Brown geht es ebenso. Die Leute sind alle sehr nett. Gestern hatten wir uns ein wenig verirrt, und als wir in einem Haus nachfragten, warf sich eine junge Frau, ohne ein Wort zu sagen, den Mantel über, ging eine Meile durch den Nieselregen und über schlammige Wege, um uns wieder auf den rechten Weg zu bringen. Nichts hätte mir in diesen Regionen größere Freude machen können, als daß Sie meine Schwester erwähnten. Man hält sie sehr von mir fern. Ich fürchte, es wird eine Weile dauern, bis ich sie überallhin mitnehmen kann, wohin ich will. Ich bin voller Zuversicht, daß wir uns schon bald in Cumberland sehen werden, zumindest hoffe ich, daß ich Sie vor meiner Amerika-Reise mehr als einmal sehen kann. Ich beabsichtige nämlich, ein ganzes Jahr bei George zu verbringen, vorausgesetzt, daß ich die kommenden drei Jahre überlebe. Das Wohl meiner Schwester und die Hoffnungen auf einen solchen Aufenthalt in Amerika lassen mich Ihren Rat befolgen. Ich werde klug sein und sorgfältiger mit meiner Gesundheit umgehen, als ich es früher tat. Ich hoffe, Sie werden Ihren ersten Stadtbesuch machen, wenn wir nach Cumberland kommen, nachdem Sie sich eingerichtet haben. Freilich wird Cumberland für mich nach dieser Reise hier keine Entfernung mehr sein. Ich trudle in Minutenschnelle bei Ihnen ein. Ich fange an, Entfernungen geradezu mit Verachtung zu betrachten. Ich hoffe, Sie werden auch ein hübsches, geeignetes Zimmer für eine Bibliothek haben.

Jetzt, wo Ihre Gesundheit so gut ist, erhalten Sie sie auch; versäumen Sie nie das Dinner, lesen Sie nicht zuviel, und machen Sie geeignete Leibesübungen. Ich nehme an, Sie haben ein Pferd, also müssen Sie dafür sorgen, es in Schweiß zu bringen. Sie sagen, ich soll mir Dante vornehmen – ja, die drei einzigen Bücher, die ich bei mir habe, sind jene drei kleinen Bände. Vor einigen Tagen las ich diese wunderbare Stelle, von der Sie sprachen. Ihr Brief folgte mir von Hampstead nach Port Patrick und von dort nach Glasgow. Sie müssen mich mittlerweile für einen ziemlich bedeutenden Kerl halten. Eine der unangenehmsten Touren, die wir gemacht haben, war unsere Wanderung zu Burns' Haus, über den Doon und durch Kirk Alloway. Ich hatte die Absicht, in dem Haus ein Sonett zu schreiben. Ich tat's auch, aber es war so schlecht, daß ich es zerrissen hab. [...] Reynolds ist durch seine Krankheit ein neuer Mensch geworden, er wird kräftiger sein als je zuvor. Eh ich London verließ, bekam er ein richtig volles Gesicht. Brown schreibt noch immer Bände voller Abenteuer an Dilke – wenn wir abends einkehren und ich mich vielleicht gerade auf ein paar Stühlen ausruhe, stellt er meine Trägheit und Genußsucht bloß, indem er aus seinem Rucksack erstens sein Papier, zweitens seine Federn und zuletzt seine Tinte hervorzieht. Nun, ich würde ja gar nichts dagegen haben, wenn er ab und an ein wenig die Reihenfolge ändern würde. Ich möchte mal wissen, Bailey, warum er nicht auch einmal zuerst seine Federn herausnimmt. Aber genausogut könnte ich einer Henne sagen, sie soll ihren Kopf hochhalten, bevor sie trinkt anstatt danach.

Von ganzem Herzen Ihr Freund

John Keats.

An Benjamin Robert Haydon

8. März 1819

Mein lieber Haydon,

Sie werden sich fragen, wo ich stecke und was ich treibe! Meistens stecke ich in Hampstead und treibe gar nichts, hab so eine Art Cui-bono-Stimmung, nicht so ganz im Begriff, ein Epos zu schreiben. Doch Sie dürfen nicht glauben, ich hätte Sie vergessen. Nein, ich war so ungefähr jeden dritten Tag bei Abbey und bei den Anwälten. Lassen Sie mich doch bitte wissen, wie es Ihnen geht und in welcher Gemütsverfassung Sie sind.

Gestern im »Examiner« sind Sie großartig herausgekommen! Unter was für Kleingeistern wir doch leben! Neulich ging ich in eine Eisenwarenhandlung, da hab ich auch nichts anderes empfunden – ob Menschen oder Zinnkessel, das bleibt sich heutzutage ziemlich gleich. Sie lernen mit fünfunddreißig nicht mehr wie die kleinen Kinder, aber reden tun sie wie Zwanzigjährige. Gespräche nicht als Suche nach Erkenntnis, sondern als Effekthascherei.

In diesem Punkt gleichen sich zwei sonst so grundverschiedene Männer wie Wordsworth und Hunt. Einer meiner Freunde meinte neulich, wenn Lord Bacon heute in einer Runde eine Bemerkung fallenließe, würde die Unterhaltung sofort zum Stillstand kommen. Ich bin überzeugt, daß es so wäre, und deshalb bin ich zu dem Entschluß gekommen: niemals zu schreiben nur um des Schreibens willen oder um ein Gedicht gemacht zu haben, sondern stets nur aus dem Überströmen jedweder kleinen Erkenntnis oder Erfahrung, die ich womöglich in jahrelangem Nachdenken gewonnen habe. Andernfalls bleibe ich lieber stumm. Die Imagination, die ich habe, will ich entfalten, ganz und gar, weiß ich doch aus eigenem Erleben, welche Befriedigung darin liegt, große Konzeptionen zu haben, ohne die Mühsal des Sonetteschreibens. Ich will meine Liebe zum Dunkel nicht verderben, indem ich eine Ode auf die Finsternis schreibe!

Für meinen Lebensunterhalt, dafür will ich nicht schreiben, denn ich will nicht Mitläufer sein in jener vulgärsten aller Massen, dem Literatenvolk. Dessen bin ich mir ganz sicher, wenn ich mich so betrachte und mich sozusagen darin versuche, geistige Gewichte zu haben. Ich bin dreiundzwanzig, habe ein geringes Wissen und einen mittelmäßigen Verstand. Gewiß, im Taumel der Begeisterung bin ich zu ein paar guten Stellen verführt worden, aber das ist nicht das Eigentliche.

Ich habe Sie so lange nicht besucht, weil ich, wenn überhaupt, dann nur in die Stadt gegangen bin, das allerdings recht häufig. Schreiben Sie bald.

Immer Ihr

John Keats.

An John Taylor

Winchester, Montag morgen,
24. August [1819]

Mein lieber Taylor –

Sie werden mir glauben, daß ich Ihnen nur schreibe, weil die Umstände mich dazu zwingen, was ich bedauere. Sie müssen mir verzeihen, wenn ich ohne Umschweife zur Sache komme und lediglich die herzliche Bitte vorausschicke, mir meinen geschäftsmäßigen Ton und ebensolches Vorgehen nicht etwa für einen Mangel an Vertrauen oder für Ungeduld Ihnen gegenüber auslegen zu wollen; sehen Sie es vielmehr als ein Verlangen nach Ordnung und geregelten Verhältnissen an. Mich traf jüngst ein ziemliches Unglück, was meine Finanzlage angeht – wegen eines drohenden Kanzleigerichtsprozesses. Ich wurde völlig unerwartet jeglicher Möglichkeiten beraubt, auf meinen Vormund zurückzugreifen. Ich baute ein wenig darauf, daß mir Gelder, die ich verborgt habe – eine beträchtliche Summe im übrigen – zurückbezahlt würden, aber noch habe ich nicht ein Pfund bekommen. In den letzten drei Monaten hat Brown mir Geld vorgestreckt: Er ist alles andere als vermögend, und ich muß mich dringend bemühen, anderswo etwas aufzutreiben. Wir haben zusammen an einer Tragödie gearbeitet (ich möchte indessen nicht, daß dies bekannt wird), die ich soeben abgeschlossen habe, und wir wollen uns den bescheidenen Gewinn, den wir uns daraus erhoffen, teilen. Und da uns diese Sache miteinander verbindet, schlug Brown vor, mit mir gemeinsam die Sicherheitsgarantie für jedweden Betrag zu übernehmen, den Sie mir vorstrecken könnten, damit ich über den Sommer komme. Ich muß es noch einmal betonen: Nicht mangelndes Vertrauen in Ihre Bereitschaft, mir zu helfen, läßt mich Ihnen einen solchen Schuldschein anbieten, sondern als Korsettstange für mich gegen eine allzu leichtfertige Lebensauffassung, was bedeutet, daß ich Verantwortung tragen muß, und was erfordert, sich Fesseln anzulegen, Pflichten um so gewissenhafter zu erfüllen, je weniger strikt sie mir auferlegt werden. Wenn ich ganz ohne Hoffnung wäre, dann sähe es anders aus, aber habe ich nicht recht, wenn mir der Gedanke gefällt, meinen Freunden nicht zur Last zu fallen? Ich bin ganz sicher, wenn ich nur wollte, könnte ich ein beliebter Schriftsteller sein – das will ich niemals werden, aber trotzdem werde ich mein Auskommen haben. Die Gunst des Publikums ist mir so abstoßend wie die Liebe von Frauen – beide sind so klebrig wie Sirup an den Schwingen der Unabhängigkeit. Ich will sie (die Menschen) stets als meine Schuldner betrachten, die mir meine Verse zu verdanken haben, nicht mich als den ihren um ihrer Bewunderung willen, denn ohne die kann ich auskommen. Vor kurzem habe ich meinem Ärger Luft gemacht und ein Vorwort *gegen* sie ersonnen, mich dann aber doch entschlossen, überhaupt niemals ein Vorwort zu schreiben. »Hier habt Ihr soundso viele Gedichte«, hätte ich ihnen gesagt, »gebt mir dafür soundso viel Mittel, daß ich mir davon Vergnügen kaufen kann, als Ausgleich für meine Arbeitsstunden.« Wenn Sie den Brief durchgelesen haben und ihn beiseite legen, werden Sie denken: »Wie doch ein einsames Leben Stolz und Selbstgefälligkeit erzeugt!« Richtig, ich weiß, daß das so ist – aber dieser Stolz und diese Selbstgefälligkeit verleihen mir mehr als alles andere die Kraft, schönere Dinge zu schreiben, darum will ich mich ihnen hingeben. In genau dem Maße, wie ich mich vor dem mir unerreichbaren Genius verneige, erhebe ich mich über die literarische Welt und blicke mit Haß und Abscheu auf sie herab. Ein kleiner Tambour, der dem Feldmarschall vertraulich die Hand entgegenstreckt, solch ein Tambour ist für mich der Beifall und die Gunst des Publikums. Wer möchte schon gern zur gemeinen Masse der kleinen Berühmtheiten zählen, die alle untergehen im Gewimmel von ihresgleichen? Lohnt es, sich dafür zum Hanswurst zu machen oder den Heuchler zu spielen? Um Stimmen zu betteln für einen Sitz auf der Bank der unüberschaubaren Literaturaristokratie? Das ist nicht klug – ich bin kein kluger Mann –, Stolz ist es. Ich werde Ihnen eine Definition des stolzen Menschen geben: das ist einer, der weder eitel ist noch klug – wer von Haß erfüllt ist, kann nicht eitel sein – noch kann er klug sein. Verzeihen Sie, daß ich so dränge, anstatt zu schreiben. Meine Empfehlungen an Woodhouse, Hessey und alle in der Percy Street –

Stets der Ihre, aufrichtig

John Keats.

Von Percy Bysshe Shelley

Pisa, den 27. Juli [1820]

Mein lieber Keats,

höchst bekümmert erfahre ich von dem gefährlichen Anfall, den Sie erlitten haben, und Mr. Gisborne, der mir davon berichtet, setzte hinzu, daß Sie auch weiterhin alle Merkmale der Schwindsucht an sich tragen. Die Schwindsucht ist eine Krankheit, die eine besondere Vorliebe für Menschen hat, die so gute Gedichte schreiben wie Sie, und wenn sie einen englischen Winter zum Gehilfen hat, kann sie mit ihrer Wahl nicht selten zufrieden sein. Ich bin durchaus nicht der Meinung, daß junge, liebenswürdige Dichter sich in irgendeiner Weise dazu verstehen sollten, ihren Neigungen zu willfahren, nicht zu diesem Zwecke sind sie den Bund mit den Musen eingegangen. Doch im Ernst (denn ich scherze über etwas, das mich mit großer Sorge erfüllt), ich meine, Sie täten gut daran, den Winter nach solch schwerem Anfall in Italien zu verbringen, und – wenn es Ihnen ebenso notwendig erscheint wie mir – falls Pisa oder seine nähere Umgebung Ihnen angenehm wäre, so bin ich mir mit Mrs. Shelley einig, Sie auf das eindringlichste zu bitten, bei uns zu wohnen. Sie könnten auf dem

Seeweg nach Leghorn kommen (Frankreich zu besuchen lohnt nicht, und die Seeluft ist besonders gut für schwache Lungen), das nur ein paar Meilen von uns entfernt liegt. Sie sollten Italien unter allen Umständen besuchen, und Ihre Gesundheit, welche ich als Grund empfehle, könnte Ihnen vielleicht als Vorwand gelten. Ich erspare es mir, die Statuen und die Gemälde und die Ruinen anzupreisen und – was mehr Verzicht bedeutet – die Berge und die Flüsse und die Felder, die Farben des Himmels und den Himmel selbst.

Kürzlich las ich Ihren Endymion wieder und mit einem neuen Sinn für die poetischen Kostbarkeiten darin, wenngleich Kostbarkeiten, die in zügelloser Verschwendung ausgeschüttet sind. Das halten die Menschen für gewöhnlich nicht aus, und dies ist die Ursache, weshalb vergleichsweise nur so wenige Exemplare verkauft wurden. Ich bin überzeugt, daß Sie zu Größtem fähig sind, wenn Sie nur wollen.

Ich sage Ollier stets, er solle Ihnen Exemplare meiner Bücher senden. Den »Entfesselten Prometheus« werden Sie, denke ich, etwa gleichzeitig mit diesem Brief erhalten. Den *Cenci* haben Sie hoffentlich schon bekommen – er ist bewußt in einem anderen Stil gehalten »bei weitem nichts Gutes, gewiß, doch weit größer als Großes«. *Ich* suchte in der Dichtung stets, Ordnung und Manierismus zu vermeiden; ich wollte, wer von vortrefflicherem Genie ist als ich, folgte dem nämlichen Plan.

Sie mögen in England bleiben oder nach Italien reisen,

nur glauben Sie mir, daß meine lebhaften Wünsche für Ihre Gesundheit, Glück und Erfolg Sie begleiten, wo immer Sie sich aufhalten und was immer Sie beginnen – und daß ich bin

aufrichtig Ihr

P. B. Shelley.

An Percy Bysshe Shelley

Hampstead, den 16. August [1820]

Mein lieber Shelley,

ich bin Ihnen sehr dankbar, daß Sie mir – in fremdem Land und den Kopf ganz sicher über und über voll – einen solchen Brief schreiben, wie ich ihn hier vor mir habe. Sollte ich keinen Gebrauch von Ihrer Einladung machen, dann nur, weil mich ein Ereignis daran hindern könnte, das vorherzusagen mir das Herz schwermacht. Ohne Zweifel würde ein englischer Winter meinem Leben ein Ende setzen, und zwar durch gräßliches Siechtum, deshalb muß ich nach Italien, zu Land oder zu Wasser, wie ein Soldat gegen eine Batterie zu Felde zieht. Am schlimmsten steht es derzeit mit meinen Nerven, doch beruhigen sie sich bei dem Gedanken, daß mich, wie übel es auch kommen mag, nichts zwingen kann, so lange an einem Ort zu bleiben, bis ich die vier Pfosten eines Bettes zu hassen beginne. Ich freue mich, daß Ihnen mein armseliges Gedicht ein wenig gefällt, das ich, wenn ich könnte, nur zu gern ungeschrieben machen würde, käm's mir noch so wie ehedem auf meinen Ruf an. Durch Hunt bekam ich Ihre »Cenci«. Ich kann da nur das eine beurteilen, die poetische und dramatische Wirkung, die viele heutzutage als den Mammon ansehen. Ein modernes Werk, sagt man, müsse einen Zweck haben, der sein Gott sein kann – ein *Künstler* muß dem Mammon dienen – er muß »auf sich konzentriert« sein, vielleicht sogar selbstsüchtig. Sie werden mir gewiß verzeihen, wenn ich offen sage, Sie sollten Ihrer Großherzigkeit Zügel anlegen und mehr Künstler sein und »jede Fuge« Ihres Stoffs mit Gold ausfüllen. Der Gedanke an solche Beschränkung muß wie kalte Ketten auf Sie fallen, der Sie womöglich noch nie ein halbes Jahr lang mit gefalteten Schwingen dasaßen. Und sind dies nicht sonderbare Reden von dem Verfasser des »Endymion«, dessen Verstand einem Pack durcheinandergeratener Spielkarten glich – nun bin ich fein beisammen und nach den Augen sortiert. Meine Imagination ist ein Kloster, und ich bin der Mönch darin. Sie müssen sich meine Metaphern allein deuten. Ich rechne jeden Tag mit dem Prometheus. Wäre mein Wunsch im Hinblick auf seine Wirksamkeit erfüllt worden, hätten Sie ihn noch im Manuskript oder wären eben erst dabei, den zweiten Akt zu vollenden. Ich erinnere mich, wie Sie mir damals in Hampstead Heath rieten, meine kränklichen Erstlinge nicht drucken zu lassen. Ich gebe Ihnen den Rat nun zurück. Die meisten Gedichte in dem Band, den ich Ihnen sende, wurden vor über zwei Jahren geschrieben und wären niemals an die Öffentlichkeit gelangt, hätte ich mir nicht finanziellen Gewinn davon versprochen. Sie sehen also, ich bin inzwischen durchaus geneigt, Ihren Rat anzunehmen. Ich muß Ihnen nochmals sagen, wie tief mich Ihre Freundlichkeit rührt, nehmen Sie meinen aufrichtigen Dank, und empfehlen Sie mich Mrs. Shelley. In der Hoffnung, Sie bald zu sehen, verbleibe ich

ganz aufrichtig Ihr

John Keats.

An Charles Brown

Samstag, den 28. September [1820]
»Maria Crowther«, vor Yarmouth,
Insel Wight.

Mein lieber Brown,

die Zeit für einen erfreulichen Brief von mir ist noch nicht gekommen. Ich habe es ein ums andere Mal hinausgeschoben, Ihnen zu schreiben, weil ich spürte, wie unmöglich es war, Sie mit einer herzerquickenden Hoffnung auf meine Genesung aufzuheitern; heute morgen im Bett sah ich die Sache plötzlich in einem anderen Lichte. Ich dachte, ich schreibe lieber, solange ich noch in der Verfassung dazu bin, sonst werde ich zu krank, um überhaupt noch schreiben zu können, und wenn dann der Wunsch aufkäme, geschrieben zu haben, wär's mir ein großer Kummer. Ich habe noch viele Briefe zu schreiben, und ich segne meine Sterne, daß ich jetzt angefangen habe, denn die Zeit drängt, wie's scheint. Vielleicht ist das meine beste Gelegenheit. Wir haben ruhige See, und heute früh fühle ich mich einigermaßen wohl. Wenn Sie mich allzu bedrückt finden, so mögen Sie es in gewissem Maße darauf zurückführen, daß wir seit zwei Wochen auf See sind, ohne vorangekommen zu sein. Ich war sehr enttäuscht, Sie nicht in Bedhampton anzutreffen, und der Gedanke, daß Sie heute in Chichester sind, regt mich sehr auf. Es hätte mir Freude gemacht, in Richtung London loszufahren – einfach wegen des Gefühls, denn was sollte ich dort tun? Ich kann meine Lungen oder den Magen oder andere, schlimmere Sachen, nicht hinter mir lassen. Ich möchte über Dinge schreiben, die mich nicht sehr aufregen – eines gibt es, das ich erwähnen muß, was hiermit geschehen ist. Selbst wenn mein Körper von allein wieder genesen würde, dies würde es verhindern. Das, wofür ich am allermeisten leben will, wird eine wesentliche Ursache für meinen Tod sein. Ich kann's nicht ändern. Wer kann's ändern? Wär ich gesund, es würde mich krank machen, und wie kann ich es in meinem Zustand ertragen? Ich möchte wohl meinen – Sie wissen, wovon ich rede –, Sie wissen, was mir in den ersten Wochen meiner Krankheit in Ihrem Hause die größte Qual bereitet hat. Tag und Nacht wünsche ich mir, der Tod möge mich von diesen Qualen erlösen, und dann wieder wünsche ich den Tod weit fort, denn der Tod würde selbst diese Qualen noch auslöschen, die doch besser sind als nichts. Land und Meer, Schwäche und Verfall sind starke Trennkräfte, doch der Tod trennt für immer. Wenn der stechende Schmerz dieses Gedankens meinen Verstand ganz erreicht hat, dann kann ich sagen, daß die Bitterkeit des

Todes vorüber ist. Oft sehne ich mich nach Ihnen, damit Sie mir die schönsten Erwartungen einredeten. Ich denke, Sie werden, auch ohne daß ich es extra sage, Miss Brawne um meinetwillen ein Freund sein, wenn ich tot bin. Sie finden, sie hat viele Fehler – aber mir zuliebe sollten Sie meinen, sie hätte keinen einzigen. Wenn es irgend etwas gibt, sei es in Wort oder Tat, das Sie für sie tun können, so weiß ich, Sie werden es tun. Ich bin jetzt in einer Verfassung, wo die Frau als Frau nicht mehr Macht über mich hat als ein Stock oder ein Stein, und doch ist der Unterschied in meinen Gefühlen für Miss Brawne und für meine Schwester sehr erstaunlich. Das eine scheint das andere in einem unglaublichen Maße in sich aufzusaugen. Ich denke selten an meinen Bruder und meine Schwester in Amerika. Der Gedanke, Miss Brawne verlassen zu müssen, ist über alle Maßen furchtbar. Dieses Gefühl der Finsternis, das mich überkommt – immer und immer sehe ich ihre Gestalt, immer und immer entschwindet sie mir. Manche Sätze, die sie gewöhnlich zu mir sagte, als sie mich zuletzt in Wentworth Place pflegte, klingen mir noch im Ohr. Gibt es ein anderes Leben? Werde ich aufwachen und all das als Traum erkennen? Es muß eins geben, wir können nicht zu solchen Leiden geschaffen sein. Der Erhalt dieses Briefes wird gerade das für Sie sein. Ich will nichts weiter über unsere Freundschaft oder besser über Ihre Freundschaft zu mir sagen, als daß Sie es verdienen davonzukommen, daß Sie nie so unglücklich wie ich sein werden. Ich werde an Sie denken in meinen letzten Augenblicken. Ich werde mich bemühen, an Miss Brawne zu schreiben, wenn möglich heute. Würde mein Leben plötzlich mitten in einem solchen Brief enden, das wär nicht das Schlechteste, denn das versetzt einen für eine Weile in eine Art Fieber. Wenn dieser Brief, der länger ist als die, die ich seit langem schrieb, mich auch ermattet hat, wäre es doch besser, auf ewig weiterzumachen als zu erwachen mit den widrigen Winden im Gesicht. Heute nacht laufen wir voraussichtlich in die Straße von Portland ein. Der Kapitän, die Mannschaft und die Passagiere sind alle schlechter Stimmung und erschöpft. Ich werde an Dilke schreiben. Mir ist, als hätte ich eben meinen letzten Brief an Sie beendet.

Mein lieber Brown,
von ganzem Herzen Ihr Freund
John Keats.

An Charles Brown

Neapel, Mittwoch, den 1. November [1820]

Mein lieber Brown,

gestern wurden wir aus der Quarantäne entlassen, in der meine Gesundheit unter schlechter Luft und einer stickigen Kabine mehr gelitten hat als während der ganzen Überfahrt. Die frische Luft hat mich ein wenig belebt, und ich hoffe, es geht mir heute morgen so gut, daß ich Ihnen einen kurzen, ruhigen Brief schreiben kann; wenn man einen Brief so nennen kann, in dem ich Angst habe, über das Thema zu reden, bei dem ich am liebsten immerzu verweilen möchte. Da ich einmal so weit gegangen bin, muß ich noch ein wenig fortfahren; vielleicht kann das die Last des *Elends* erleichtern, das mich bedrückt. Die Gewißheit, daß ich sie nie mehr wiedersehen werde, bringt mich um. Ich kann nicht v... Mein lieber Brown, hätte ich sie gehabt, als ich noch gesund war, ich wäre gesund geblieben. Ich kann ertragen, daß ich sterbe, ich kann es nicht ertragen, sie zu verlassen. O Gott! Gott! Gott! Ein jeder Gegenstand in meinen Koffern, der mich an sie erinnert, durchbohrt mich wie ein Speer. Das Seidenfutter, womit sie meine Reisemütze versehen hat, versengt mir den Schädel. Meine ganze Imagination kreist mit furchtbarer Lebhaftigkeit um sie – ich sehe sie – ich höre sie. Nichts auf der Welt ist interessant genug, mich einen Augenblick lang von ihr abzulenken. So war es schon, als ich in England war; nicht ohne Schaudern kann ich daran denken, wie ich bei Hunt gefangenlag und die ganze Zeit immer nur nach Hampstead starrte. Damals hatte ich ja die Hoffnung, sie wiederzusehen. Und nun – könnte ich doch in ihrer Nähe begraben sein! Ich habe Angst, ihr zu schreiben – einen Brief von ihr zu empfangen. Es würde mir das Herz brechen, wenn ich ihre Schrift sähe – ja, bloß von ihr zu hören, ihren Namen geschrieben zu sehen, wäre mehr als ich ertragen kann. Mein lieber Brown, was soll ich tun? Wo kann ich Trost oder Linderung finden? Wenn ich noch eine Aussicht auf Heilung hätte, diese Leidenschaft würde mich töten. Wahrhaftig, meine ganze Krankheit hindurch, in Ihrem Hause ebenso wie in Kentish Town, hat dieses Fieber -

niemals aufgehört, mich zu verzehren. Wenn Sie mir schreiben, was Sie sogleich tun sollten, schreiben Sie nach Rom (postlagernd). Wenn es ihr gut geht und sie glücklich ist, machen Sie ein Kreuz – wenn – – Grüßen Sie alle von mir. Ich will mir Mühe geben, mein Elend mit Geduld zu ertragen. Ein Mensch in meiner gesundheitlichen Verfassung sollte kein solches Elend zu ertragen haben. Schreiben Sie meiner Schwester einen kurzen Brief, und sagen Sie ihr, daß Sie von mir gehört hätten. Severn geht es sehr gut. Wenn ich mich besser fühlte, würde ich Sie drängen, nach Rom zu kommen. Ich fürchte, es gibt niemanden, der mir helfen kann. Gibt es etwas Neues von George? O wenn doch mir oder meinen Brüdern einmal etwas Gutes widerfahren wäre, dann könnte ich hoffen, aber ich bin es gewöhnt, daß Verzweiflung mich überfällt. Mein lieber Brown, um meinetwillen, seien Sie ihr Anwalt auf immer. Ich kann kein Wort über Neapel sagen; die tausend Neuigkeiten rings um mich her berühren mich nicht im geringsten. Ich habe Angst, ihr zu schreiben. Ich möchte, daß sie weiß, daß ich sie nicht vergesse. Oh, Brown, ich habe glühende Kohlen in der Brust. Es wundert mich, daß das menschliche Herz soviel Elend zu fassen und zu ertragen vermag. Bin ich dazu geboren worden? Gott segne sie und ihre Mutter und meine Schwester und George und seine Frau und Sie und alle!

Immer von ganzem Herzen Ihr Freund,

John Keats.

Donnerstag (2. November). Ich war einen Tag zu früh für das Postschiff. Es läuft jetzt aus. Heute bin ich ruhiger, wenn auch halb in Angst, daß es nicht so bleibt. Ich sagte nichts über meine Gesundheit, ich weiß nichts darüber; Sie werden Severns Bericht von *** hören. Ich muß abbrechen. Sie ziehen meine Gedanken zu sehr in die Nähe von – – –.

Gott segne Sie.

An Charles Brown

Rom, den 30. November [1820]

Mein lieber Brown,

es ist mir das Schwerste auf der Welt, einen Brief zu schreiben. Mit meinem Magen ist es weiterhin so schlimm, daß ich fühle, wie er sich verschlechtert, sobald ich ein Buch aufschlage, doch geht es mir viel besser als in der Quarantäne. Dann habe ich Furcht davor, mich dem Für und Wider von Dingen auszusetzen, die mir in England interessant waren. Mir ist für gewöhnlich, als sei mein wirkliches Leben zu Ende und ich führte ein postumes Dasein. Gott weiß, wie alles gekommen wäre – aber mir scheint – doch nein, ich will davon nicht reden. Ich muß wohl um die Zeit, als Sie mir aus Chichester schrieben, in Bedhampton gewesen sein – welch ein Unglück – und daß wir uns auch auf dem Fluß noch verpassen mußten! Das ist mein regierendes Gestirn! Ich kann auf nichts in Ihrem Brief antworten, der mir von Neapel nach Rom folgte, denn ich habe Angst, ihn noch einmal durchzulesen. Ich bin so schwach (im Gemüt), daß ich es nicht ertrage, die Handschrift eines Freundes zu sehen, der mir so lieb ist wie Sie. Dennoch reite ich das Pferdchen weiter und habe noch in der übelsten Lage, in der Quarantäne, in einer Woche mehr Wortspiele zusammengebracht – aus Verzweiflung wohl – als sonst in einem ganzen Jahr meines Lebens. Einen Gedanken gibt es, stark genug, mich umzubringen: Es ging mir gut, ich war gesund, frisch etc. und ging mit ihr – und jetzt. – Das Wissen um den Gegensatz, das Gefühl von Licht und Schatten, all die Kenntnis (Ur-Ahnung), die nötig sind für ein Gedicht, sind der Genesung meines Magens höchst feindlich. Da, du Schurke, ich überlasse dich der Folter, aber Sie müssen Gebrauch machen von Ihrer Philosophie, wie ich Gebrauch mache von der meinen, wirklich – wie sollte ich sonst leben können? Dr. Clarke ist sehr um mich besorgt; er sagt, meine Lunge ist wenig angegriffen, aber mein Magen, sagt er, ist sehr krank. Ich bin angenehm enttäuscht, gute Neuigkeiten von George zu hören, denn ich habe die fixe Idee, daß wir alle jung sterben werden. Ich habe noch nicht an *** geschrieben, was er gewiß als große Nachlässigkeit ansieht; in dem dringenden Wunsch, ihm Gutes über meine Gesundheit berichten zu können, schob ich es von einer Woche zur anderen hinaus. Wenn ich genese, will ich mich mit aller Kraft bemühen, meine während der Krankheit begangenen Fehler wiedergutzumachen, und wenn nicht, so wird mir alle Schuld vergeben sein. Ich schreibe morgen oder übermorgen an ***. Ich will Mitte nächster Woche an *** schreiben. Severn geht es sehr gut, obgleich er solch ein langweiliges Leben hat an meiner Seite. Grüßen Sie alle Freunde von mir und sagen Sie ***, ich hätte London nicht verlassen, ohne mich von ihm zu verabschieden, wenn ich nicht so schwach gewesen wäre an Körper und Gemüt. Schreiben Sie George, sobald Sie diesen Brief erhalten haben, und sagen Sie ihm, wie es mir geht – soweit Sie es erraten können; und auch ein paar Zeilen an meine Schwester, die wie ein Geist durch meine Phantasie wandelt – sie ist Tom so ähnlich. Ich vermag selbst in einem Brief kaum, Ihnen Lebewohl zu sagen. Ich war schon immer ungeschickt im Verbeugen.

Gott segne Sie!

John Keats.

Joseph Severn
Briefe an John Taylor

1821

Rom, 25. Jan. 1821

Lieber Herr Taylor,

wieder eine Woche und immer weniger Hoffnung – ich habe allen Grund zu der Befürchtung – daß der arme Keats nun auf dem Totenbett liegt – mit jedem Tag haben die Symptome sich verschlimmert – lehmartiger Auswurf – in großen Mengen – Nachtschweiß – eine grausige Auszehrung von Leib und Gliedmaßen – mit schmerzhaftem und durchfallähnlichem Stuhlgang – die Nahrung geht sehr schnell und kaum verdaut durch ihn hindurch. – Doch von all dem könnte er vielleicht wieder auf die Beine kommen, wenn er nur mit diesem intensiven Gefühlsleben fertig würde – mit diesen unseligen Kombinationen und Leidenschaften des Gemüts – von denen keine Arznei der Welt ihm Linderung verschaffen kann – noch sonst ein Mittel – da sie seine Natur sind. – Ich kann nur staunen, daß er so lange ohne das leben konnte, was doch fast das Wesentliche des Menschenlebens ist – ich meine jene zeitweilige Gemütsruhe, um die Maschinerie des Körpers in Gang zu halten – diese hat, dessen bin ich sicher, der arme Keats nie besessen oder gar gefühlt – er hat mir vieles von seinem Leben geschildert – von verschiedenen Veränderungen – aber alles lief hinaus auf diesen rastlosen Gärstoff – zweifellos waren es alle diese Gemütsbewegungen, selbst die stärksten Glücksgefühle, die ihn an diesen traurigen Punkt gebracht haben – von dem, so bete ich, Gott ihn rasch zu sich nehmen möge – sein Leiden jetzt ist unbeschreiblich – und es verschärft sich mit dem Schärferwerden seiner Erinnerungen und Vorstellungen – seine Nerven verweigern sich dem einzigen schwachen Trost aus Dingen, die ›nach Sterblichkeit riechen‹* – und jeden anderen Lichtblick verabscheut er noch mehr – Bücher kann er nicht ertragen – eigentlich kann er gar nichts ertragen – sein Zustand ist so reizbar – in jeder Hinsicht so unglücklich – daß ich ihm schon fast nicht mehr vor Augen treten kann – abgesehen von der Plackerei – dem Mangel an Schlaf und Berufsausübung – macht allein schon diese Sache mich krank. – Der heikelste Punkt zwischen uns ist diese verfluchte Flasche Opium – die hatte er beschlossen zu leeren, sobald seine Genesung zum Stillstand kommen würde – um sich, wie er sagt, das Elend einer nicht enden wollenden Krankheit zu ersparen – er hat das Verhängnis vorausgesehen – die qualvollen Nächte – die Unmöglichkeit, irgendeinen Trost zu empfangen – und vor allem die Auszehrung seines Körpers und die Hilflosigkeit – er hatte beschlossen, all dem zu entgehen – und wäre ich nicht gewesen, würde er diese Flasche schon vor 3 Monaten auf einen Zug geleert haben – auf dem Schiff – 3 erbärmliche Monate, sagt er, hätte ich ihn am Leben erhalten – und deswegen ist nun kein Schimpfwort, keine Behandlung, keine Entbehrung schlimm genug für mich – ich kann ihn nicht davon abbringen, auch mit seinen eigenen Argumenten

* König Lear, IV, vi, 135: Es ist Lears *Hand*, die ›nach Sterblichkeit riecht‹. (A. d. Ü.)

nicht – ich fange jetzt sogar an, seine Ansichten in jedem Punkt zu teilen – wenn ich zuvor für sein persönliches Wohlbefinden jedes Opfer brachte und ihm nachgab – ihn auf jede Weise zufriedenzustellen suchte –, so muß ich dasselbe nun auch geistig tun – ich sage sogar, er sollte diese Flasche haben – aber ich habe sie Dr. Clark gegeben – ich kann mir damit selbst nicht mehr trauen – so bemüht war ich, ihn in allen Dingen zufriedenzustellen –

Der arme Kerl! Als Ihr Brief kam, konnte er ihn nicht lesen – obwohl er ihn geöffnet hat – ich habe es nicht bedauert, denn mit keiner Silbe ließ ich etwas von der Rechnung verlauten – es hätte ihn umgebracht – ich habe gezittert, als er auf Ihren Namen blickte – aber er weinte nur bitterlich – und gab mir den Brief – Dr. Clark hat den Ihren bezüglich der Rechnung erhalten – es ist nun geregelt – Sie werden meine Erklärungen dazu erhalten haben – und ich bin in der Sache wieder einmal beruhigt –

Letzte Woche bin ich krank gewesen – 6 Wochen lang war ich kaum 6 Stunden an die frische Luft gekommen – und manchmal habe ich drei Nächte hintereinander bei ihm gesessen – jetzt kann ich nicht schlafen, obwohl ich darf – und die Folge davon ist ein bleiernes Hirn – keine Kraft zum Denken – aber mein verändertes Aussehen heute hat Keats sehr beunruhigt – er hat es mit mir durchgesprochen – und da er vorschlug, eine Pflegerin kommen zu lassen, denn außer dem Doktor und mir ist niemand ihm nahe gekommen – hoffe ich, bald wieder auf dem Damm zu sein – aber allein schon meine Besorgnis würde mich krank machen – auch ohne die körperliche Erschöpfung – alle staunen, daß ich so lange durchgehalten habe –

Der Doktor hat ganz gewiß getan, was er konnte – aber er sagt, Keats hätte England nie verlassen dürfen – die gesundheitliche Störung sei zu weit fortgeschritten gewesen, um durch dieses Klima noch Besserung erfahren zu können – er sagt, nichts auf der Welt hätte ihn noch heilen können, schon als er England verließ – diese Reise hat ihm das Leben verkürzt und noch mehr zur Qual gemacht – doch Ihnen wie mir wird es eine Genugtuung sein – daß kein lindes Klima dieses an Milde übertreffen könnte – die Obstbäume haben lange in Blüte gestanden – vielleicht ist alles, was für Keats getan werden konnte, getan – Sie werden meinen Freund Haslam gesehen haben – ich habe mir große Sorgen gemacht wegen eines sehr peinlichen Briefes, den ich ihm schrieb – sagen Sie ihm, ich sei in schrecklicher Gemütsverfassung gewesen – hätte ihn aber abschicken müssen – die Post geht einmal die Woche –

ergebenst, Ihr Joseph Severn

Falls ich eine Pflegerin bekommen kann – werde ich Keats tagsüber nicht für länger als eine Stunde verlassen – lediglich zur Erhaltung meiner Gesundheit –

26.

Eben war die Pflegerin da – aber ich fürchte, eine große Hilfe wird sie nicht sein – es gibt so viele kleine Dinge, die nur ich tun kann – so daß ich denke, ich werde den armen Keats gar nicht mehr verlassen – ich fühle mich etwas besser heute morgen – und habe beschlossen durchzuhalten – nicht mehr aus dem Haus zu gehen – tagsüber möchte Keats alle Augenblicke etwas sagen oder getan haben – was niemand sonst tun kann – er kann wütend werden – denn ich kann Ihnen versichern, sein Geisteszustand grenzt ans Wahnsinnige –

11 Uhr – eben war der Doktor da – die Natur wird keine weiteren 14 Tage mehr mitmachen – sagt er – der Schleim sammelt sich massenhaft, und Körper und Gliedmaßen bekommen keine Nahrung mehr – und vor allem ist Keats' Geist entschlossen, immer mehr zu erkranken – seinem Tod immer näher zu kommen – so daß er unmöglich noch längere Zeit wird überdauern können – Keats wünscht sich den Tod mit furchtbarem Ernst – der Gedanke an den Tod scheint sein einziger Trost – die einzige Aussicht auf Ruhe – er spricht mit großer Freude davon – es sänftigt seine jetzige Qual – die Seltsamkeit seines Geistes überrascht uns jeden Tag – nicht ein einziges Gefühl oder eine Anschauung wie bei irgendeinem anderen Lebewesen –

Rom, 6. März 1821

Lieber Herr Taylor,

mehrmals habe ich versucht, Ihnen zu schreiben – aber nein – ich konnte nicht, es war zuviel für mich, daran zu denken – der erlittene Schmerz und Erschöpfung hatten mich krank gemacht – die Erinnerung an den armen Keats lastet schrecklich auf mir – dauernd sehe ich ihn vor mir – ich kann jetzt nicht allein sein – so zerrüttet sind meine Nerven. – Diese rohen Italiener sind fast fertig mit ihrem ungeheuerlichen Werk – das gesamte Mobiliar haben sie verbrannt – und jetzt kratzen sie die Wände ab – machen Fenster und Türen neu – sogar der Fußboden wird erneuert – Sie werden die ganze Not zu Gesicht bekommen, die aus diesen Gesetzen folgt – wahrlich, unter ihren verfluchten Grausamkeiten habe ich wohl mehr zu leiden gehabt – als unter allem, was ich für Keats tat. – Diese elenden Wichte haben die Zeit ausgenutzt, als ich seelisch und körperlich am Ende war – Tag für Tag haben sie mich zur Raserei gebracht – bis ich anfing zu zittern, wenn ich nur eine Stimme hörte. – Ich werde nochmals versuchen, über unseren armen Keats zu schreiben – viel wird nicht herauskommen dabei, denn ich getraue mich kaum, daran zu denken – aber ich werde mit Pausen schreiben – und bitte, bedenken Sie, wie sehr ich mich dazu überwinden muß – wenn ich wieder bei Kräften bin, werde ich Ihnen jedes Wort mitteilen – die Erinnerung an diese Szene des Grauens ist mir bis ans Ende meiner Tage unauslöschlich ins Hirn gebrannt –

Vier Tage vor seinem Ableben – er war innerlich so verändert, daß ich jeden Augenblick in Angst verbrachte, da ich nicht wußte, was der nächste bringen würde – sah er seinem Tod erstaunlich ruhig und gefaßt entgegen – er sagte mir, ich solle keine allzu große Angst haben, er glaube nicht, von schmerzhaften Krämpfen erfaßt zu werden – ›-

Haben Sie schon einmal jemanden sterben gesehn?‹ sagte er – Nein – ›Nun, dann tun Sie mir leid, armer Severn – wieviel Mühe und Not haben Sie sich aufgeladen meinetwegen – Sie müssen jetzt stark sein, denn es wird nicht mehr lange dauern – bald werde ich in das stille Grab gelegt sein – Gott sei Dank für das stille Grab – Oh, ich kann die kalte Erde auf mir fühlen – wie die Veilchen über mir wachsen – Oh, diese Stille – es wird meine erste sein‹ – als das Morgenlicht kam und ihn noch immer am Leben fand – Oh, wie bitter klagte er da – ich kann seinen Jammer nicht ertragen –

Jeden Tag blickte er dann auf in das Gesicht des Doktors, um zu enträtseln, wie lange er noch zu leben habe – ›Wie lange wird dieses mein posthumes Leben noch dauern?‹ sagte er einmal – dieser Blick war mehr als wir ertragen konnten – seine leuchtenden Augen – in diesem armen wächsernen Gesicht – das war nicht irdisch –

Diese vier Nächte wachte ich bei ihm – jede Nacht seinen Tod erwartend – am fünften Tag bereitete der Doktor mich darauf vor – am 23. um 4 Uhr nachmittags. – Der arme Kerl bat mich, ihn im Bett aufzurichten – er atmete mit knapper Not – die Kraft, den Schleim abzuhusten, schien zu schwinden – und ein enormer Schweißausbruch überkam ihn, so daß er meinen Atem als kalt empfand – ›Atmen Sie nicht auf mich – es kommt wie Eis‹ – sehr schnell packte er meine Hand, als ich ihn in den Armen hielt – der Schleim kochte in ihm – brodelte ihm im Hals – das nahm zu – doch schien er schmerzfrei zu sein –

er sah mich unsäglich gefühlvoll an, aber ohne Schmerz – um 11 starb er in meinen Armen. – Die englische Pflegerin ist diesen ganzen Tag bei mir gewesen – das half mir – aber es ging mir sehr schlecht – kein Schlaf in dieser Nacht. – Am Tag darauf nahm der Doktor mich zu sich nach Hause – es war noch immer dasselbe mit mir – diese freundlichen Menschen taten alles, um mich zu trösten – ohne sie wäre ich wohl zusammengebrochen. – Am nächsten Tag wurde der Abdruck für die Totenmaske genommen – und sein Tod wurde diesen Rohlingen hier bekanntgegeben – doch wir hielten sie in Schach – ließen sie erst ein, als der arme Kerl in sein Grab gelegt war. – Am Sonntag, dem zweiten Tag, öffneten Dr. Clark, Dr. Luby und ein italienischer Chirurg den Leichnam – sie fanden die schlimmste nur mögliche Schwindsucht vor – die Lungen waren gänzlich zerstört – die Zellen völlig aufgelöst – aber zu diesem Thema wird Dr. Clark Ihnen schreiben. – Dies war wieder eine schlaflose Nacht für mich – ich fühlte mich immer schlechter. – Am dritten Tag, Montag, den 26., kamen die Bestattungsbestien – viele Engländer ersuchten, ihm folgen zu dürfen – die es taten, waren Dr. Clark & Dr. Luby, die Herren Ewing – Westmacott – Henderson – Pointer – und Ehrwürden Mr. Wolf, der die Grabrede hielt – Keats wurde in der Nähe des Grabmales von Caius Cestius beigesetzt – wenige Schritte neben Dr. Bell und einem Kind Mr. Shellys. – Der gutherzige Doktor ließ die Männer Grasnarben mit Veilchen aufs Grab setzen – ›Das hätte der arme Keats sich gewünscht – wenn er's nur wüßte.‹ – Ich schreibe wieder mit der nächsten Post, bin aber noch immer in schlechter Verfassung – leben Sie wohl,

Joseph Severn

– Die Ausgaben, fürchte ich, werden beträchtlich sein – vielleicht 50 £ – habe noch Schulden bei dem Doktor – die von Ihnen erwähnten 50 £ habe ich nicht erhalten, wenigstens haben Tolonias kein Avis bekommen. – Der Doktor zahlt alles für mich und würde jede Summe vorlegen, die ich brauche.

Gedichte

When I have fears

When I have fears that I may cease to be
    Before my pen has glean'd my teeming brain,
Before high-piled books, in charact'ry,
    Hold like rich garners the full-ripen'd grain;
When I behold, upon the night's starr'd face,
    Huge cloudy symbols of a high romance,
And feel that I may never live to trace
    Their shadows, with the magic hand of chance;
And when I feel, fair creature of an hour!
    That I shall never look upon thee more,
Never have relish in the faery power
    Of unreflecting love! – then on the shore
Of the wide world I stand alone, and think,
Till Love and Fame to nothingness do sink.

Fürcht ich, daß frühem Tod mein Sein verfällt

Fürcht' ich, daß frühem Tod mein Sein verfällt,
Eh noch des Geistes Frucht die Feder faßt,
Der Bücher Reihe meine Schrift enthält
Wie voller Speicher reicher Ernte Last;
Schau ich der Nacht ins Sternenangesicht,
Seh hoher Lieder Sinnbild, Wolkenstreifen,
Und denk: ich muß vergehen und kann nicht
Mit Glückes-Zauberhand die Schatten greifen;
Und fühl ich, holdes Wesen einer Stunde,
Daß ich dich niemals, niemals wiedersehe,
Nie an der Liebe Feenmacht gesunde,
Der rückhaltlosen; – einsam sinnend stehe
Ich an dem Ufer dann der weiten Welt,
Bis Ruhm und Liebe mir in Nichts zerfällt.

The Eve of St. Agnes

St. Agnes' Eve – Ah, bitter chill it was!
The owl, for all his feathers, was a-cold;
The hare limp'd trembling through the frozen grass,
And silent was the flock in woolly fold:
Numb were the Beadsman's fingers while he told
His rosary, and while his frosted breath,
Like pious incense from a censer old,
Seem'd taking flight for heaven, without a death,
Past the sweet Virgin's picture, while his prayer he saith.

His prayer he saith, this patient, holy man:
Then takes his lamp, and riseth from his knees,
And back returneth, meagre, barefoot, wan,
Along the chapel aisle by slow degrees:
The sculptured dead, on each side, seem to freeze,
Emprison'd in black, purgatorial rails:
Knights, ladies, praying in dumb orat'ries,
He passeth by, and his weak spirit fails
To think how they may ache in icy hoods and mails.

Northward he turneth through a little door,
And scarce three steps, ere Music's golden tongue
Flatter'd to tears this aged man and poor.
But no – already had his death-bell rung;
The joys of all his life were said and sung;

St. Agnes Abend

Sankt Agnes Abend –; es ist bitter kalt,
Ihr Federkleid selbst schützt die Eule nicht,
Frostzitternd springt der Hase durch den Wald,
Das Vieh drängt sich im Stalle, schweigend, dicht.
Steif sind des Bruders Finger; doch er spricht
Den Rosenkranz. Sein eisiger Atem flieht
Wie frommer Weihrauch ihm vom Angesicht
Empor zum Himmel, eh den Tod er sieht,
Der Jungfrau Bild vorbei, vor dem er betend kniet.

Er neigt sich betend, dieser heilige Mann,
Nimmt drauf sein Licht, steht auf zu neuen Mühn,
Und wendet langsam, mager, bleich sich dann
Barfuß das Kirchenschiff entlangzuziehn.
Die Steingebilde selbst zur Seite schien
Zu frieren, wo sie hinter schwarzen Gittern
In stillen Oratorien betend knien.
Weichmütig macht ihn der Gedanke zittern,
Wie Kutt und Panzer sei so eisig Fraun und Rittern.

Er schreitet nordwärts durch ein kleines Tor;
Da plötzlich lockt Musik mit goldnen Zungen
Und schmeichelt Tränen aus dem Auge vor.
Umsonst – ihm ist der Totenruf erklungen;
Des Lebens Freuden sind gesagt, gesungen:

His was harsh penance on St. Agnes' Eve:
Another way he went, and soon among
Rough ashes sat he for his soul's reprieve,
And all night kept awake, for sinners' sake to grieve.

That ancient Beadsman heard the prelude soft;
And so it chanced, for many a door was wide,
From hurry to and fro. Soon, up aloft,
The silver, snarling trumpets 'gan to chide:
The level chambers, ready with their pride,
Were glowing to receive a thousand guests:
The carvèd angels, ever eager-eyed,
Stared, where upon their heads the cornice rests,
With hair blown back, and wings put crosswise on their breasts.

At length burst in the argent revelry,
With plume, tiara, and all rich array,
Numerous as shadows haunting fairily
The brain new-stuff'd, in youth, with triumphs gay
Of old romance. These let us wish away,
And turn, sole-thoughted, to one Lady there,
Whose heart had brooded, all that wintry day,
On love, and wing'd St. Agnes' saintly care,
As she had heard old dames full many times declare.

They told her how, upon St. Agnes' Eve,
Young virgins might have visions of delight,

Sankt Agnes soll in harter Reu ihn finden,
Zu einem andern Weg ist er gezwungen,
Er muß die ganze Nacht um seiner Sünden,
Um aller Sünder Schuld in Asch und Staub sich winden.

Erst hörte er ein sanftes Präludieren,
Das durch die offnen Thüren zu ihm drang,
Doch bald muß sich der leise Ton verlieren
In schmetternder Trompeten Silberklang:
Die Hallen öffnen stolz sich zum Empfang
Für tausend Gäste auf geschmückten Sitzen:
Geschnitzte Engel schaun verwundert, bang
Von oben her, wo das Gebälk sie stützen,
Mit wehendem Haar und kreuzgelegten Flügelspitzen.

Und endlich bricht herein das Festgepränge,
Mit Federn und Tiaren reich geschmückt,
Zahlreich, gleichwie der Schatten bunt Gedränge,
Womit die Sage Jugendsinn beglückt.
Doch allem diesem sind wir schnell entrückt,
Nur jene Maid sei von uns auserwählt,
Die hoffend auf Sankt Agnes' Hilfe blickt;
Sie sinnt den ganzen Tag von Lieb gequält,
Was alte Frauen ihr so manches Mal erzählt.

Sie sagten ihr, daß an Sankt Agnes' Fest
Die Heilige Jungfraun zeigt ein holdes Bild

And soft adorings from their loves receive
Upon the honey'd middle of the night,
If ceremonies due they did aright;
As, supperless to bed they must retire,
And couch supine their beauties, lily white;
Nor look behind, nor sideways, but require
Of Heaven with upward eyes for all that they desire.

Full of this whim was thoughtful Madeline:
The music, yearning like a God in pain,
She scarcely heard: her maiden eyes divine,
Fix'd on the floor, saw many a sweeping train
Pass by – she heeded not at all: in vain
Came many a tiptoe, amorous cavalier,
And back retired; not cool'd by high disdain,
But she saw not: her heart was otherwhere;
She sigh'd for Agnes' dreams, the sweetest of the year.

She danced along with vague, regardless eyes,
Anxious her lips, her breathing quick and short:
The hallow'd hour was near at hand: she sighs
Amid the timbrels, and the throng'd resort
Of whisperers in anger, or in sport;
›Mid looks of love, defiance, hate, and scorn,
Hoodwink'd with faery fancy; all amort,
Save to St. Agnes and her lambs unshorn,
And all the bliss to be before to-morrow morn.

Und sie des Liebsten Huldigung schauen läßt,
Zu mitternächtiger Stunde still und mild,
Wird nur getreu der alte Brauch erfüllt:
Denn fastend muß sie heut zu Bette gehen;
Wenn sich ins Linnen ihre Schönheit hüllt,
Darf sie nicht rückwärts, nicht zur Seite sehen,
Zum Himmel blickend nur den heißen Wunsch erflehen.

Madlene hört, voll dieser Phantasien,
Kaum die Musik, die eines Gottes Qual
Und Sehnsucht klagt; am Aug' vorüberziehen,
Dem mädchenhaft gesenkten, ohne Zahl
Schlepp und Gewand; sie achtet's nicht einmal,
Naht zierlich ein verliebter Kavalier,
Der bald beschämt, nicht kühler sich empfahl;
Nichts sah sie, denn ihr Herz war weit von hier:
An Agnes' Traum denkt sie mit süßester Begier.

Sie tanzt, doch wie im Traum. Ihr Auge irrt,
Die Lippe zittert, schnell hebt sich die Brust,
Nah ist die Stunde und sie seufzt verwirrt,
Inmitten Cymbelton und Kerzendust,
Inmitten Zorngeflüster, Liebeslust,
Verachtung, Leidenschaft und Haßgeberde
Macht sie ein Zauber allem unbewußt,
Nur Agnes nicht und ihrer Lämmerherde;
Sie hofft, daß alles Heil ihr noch vor morgen werde.

So, purposing each moment to retire,
She linger'd still. Meantime, across the moors
Had come young Porphyro, with heart on fire
For Madeline. Beside the portal doors,
Buttress'd from moonlight, stands he, and implores
All saints to give him sight of Madeline,
But for one moment in the tedious hours,
That he might gaze and worship all unseen;
Perchance speak, kneel, touch, kiss – in sooth such things have been.

He ventures in: let no buzz'd whisper tell,
All eyes be muffled, or a hundred swords
Will storm his heart, Love's feverous citadel:
For him, those chambers held barbarian hordes,
Hyena foemen, and hot-blooded lords,
Whose very dogs would execrations howl
Against his lineage; not one breast affords
Him any mercy in that mansion foul,
Save one old beldame, weak in body and in soul.

Ah, happy chance! the aged creature came,
Shuffling along with ivory-headed wand,
To where he stood, hid from the torch's flame,
Behind a broad hall pillar, far beyond
The sound of merriment and chorus bland.
He startled her: but soon she knew his face,
And grasp'd his fingers in her palsied hand,

Noch fehlt zum Gehn und Bleiben ihr der Mut,
Indes Porphyro durch das Moor sich stahl,
Im Herzen für Madlene heiße Glut,
Steht er geschützt vorm Mondlicht am Portal;
Von allen Heiligen fleht er, daß einmal
Er Magdalenens Anblick könnt erspähen,
Er einen Augenblick in Stunden Qual
Sie schauen mag, verehren ungesehen,
Gar sprechen, küssen, knien – das alles kann geschehen.

Er wagt's, tritt ein – schweigt Zungen scharf und spitz,
Seid Augen blind; denn hundert Schwerter harren,
Dies Herz zu stürmen, heißer Liebe Sitz;
Für ihn giebt's hier nur Feinde und Barbaren,
Heißblütige hyänengleiche Scharen;
Wo selbst die Hunde ihm Vernichtung heulen,
Wird keine Gnade sein Geschlecht erfahren.
Ihm wird von allen, die im Saale weilen,
Ein schwaches Mütterlein allein zu Hilfe eilen.

Ha, weiser Zufall! Sieh, die Alte kam
Und schlürfte durch den Gang auf ihren Krücken
Grad auf den Pfeiler, wo er Zuflucht nahm,
Daß er dem Fackelschein ihn sollt entrücken,
Weit von der Fröhlichkeit, den scheelen Blicken.
Bald hat sie ihn erkannt und spricht voll Schrecken,
Indes die Finger zitternd seine drücken:

Saying, ›Mercy, Porphyro! hie thee from this place;
They are all here to-night, the whole blood-thirsty race!

›Get hence! get hence! there's dwarfish Hildebrand:
He had a fever late, and in the fit
He cursèd thee and thine, both house and land:
Then there's that old Lord Maurice, not a whit
More tame for his grey hairs – Alas me! flit!
Flit like a ghost away.‹ – ›Ah, Gossip dear,
We're safe enough; here in this arm-chair sit,
And tell me how‹ – ›Good Saints! not here, not here;
Follow me, child, or else these stones will be thy bier.‹

He follow'd through a lowly archèd way,
Brushing the cobwebs with his lofty plume;
And as she mutter'd ›Well-a – well-a-day!‹
He found him in a little moonlight room,
Pale, latticed, chill, and silent as a tomb.
›Now tell me where is Madeline,‹ said he,
›O tell me, Angela, by the holy loom
Which none but secret sisterhood may see,
When they St. Agnes' wool are weaving piously.‹

›St. Agnes! Ah! it is St. Agnes' Eve –
Yet men will murder upon holy days.
Thou must hold water in a witch's sieve,
And be liege-lord of all the Elves and Fays
To venture so: it fills me with amaze

»Porphyro, Gott! Du mußt dich schnell verstecken,
Von all der blutigen Schar darf keiner dich entdecken.

Fort, fort! da ist der Zwerg der Hildebrand,
Als den letzthin ein böses Fieber schlug,
Verflucht er dich, die deinen, Haus und Land.
Lord Moritz dann, der wäre wohl mit Fug
Bei seinen grauen Haaren zahm und klug.
Fort, fort!« – »Gevatterin du siehst Gefahr,
Doch setz dich, sicher sind wir hier genug,
Und sag –« »Nicht hier bei aller Heiligen Schar,
Folg Kind, sonst wird der Stein dir noch zur Totenbahr.«

Er folgt ihr einen niedern Bogengang,
Die Feder streift das Spinngeweb vom Stein.
»Ach Gott, ach Gott«, sie flüstert's leis und bang
Und läßt ihn bei dem kalten Mondenschein
In ein getäfelt, kleines Zimmer ein.
»Wo ist Madlene? sprich. Bei meinem Leben,
Beim heiligen Webstuhl, den nur der Verein
Der Schwestern darf geheimnisvoll umgeben,
Wenn sie mit frommem Sinn Sankt Agnes' Wolle weben.«

»Sankt Agnes, ja Sankt Agnes ist heut, schau!
Sie scheun auch nicht am heiligen Tag den Mord.
Hast du im Zaubersieb geschöpft den Tau?
Und bist der Feen und Elfen Herr und Lord,
Daß du das wagst? Mir fehlt fürwahr das Wort!

To see thee, Porphyro! – St. Agnes' Eve!
God's help! my lady fair the conjurer plays
This very night: good angels her deceive!
But let me laugh awhile, I've mickle time to grieve.‹

Feebly she laugheth in the languid moon,
While Porphyro upon her face doth look,
Like puzzled urchin on an aged crone
Who keepeth closed a wondrous riddle-book,
As spectacled she sits in chimney nook.
But soon his eyes grew brilliant, when she told
His lady's purpose; and he scarce could brook
Tears, at the thought of those enchantments cold,
And Madeline asleep in lap of legends old.

Sudden a thought came like a full-blown rose,
Flushing his brow, and in his painèd heart
Made purple riot: then doth he propose
A stratagem, that makes the beldame start:
›A cruel man and impious thou art!
Sweet lady! let her pray, and sleep, and dream
Alone with her good angels, far apart
From wicked men like thee. Go, go! – I deem
Thou canst not surely be the same that thou didst seem.‹

›I will not harm her, by all saints I swear!‹
Quoth Porphyro: ›O may I ne'er find grace
When my weak voice shall whisper its last prayer,

Daß grade heut dich's treibt zu deiner Schönen!
Hilf Gott – ein guter Engel sei ihr Hort!
Sollt meine Herrin gar ein Zauber höhnen?
Laß lachen mich! ans Leid kann ich mich lang gewöhnen.«

Zum bleichen, stillen Mond lacht sie nun leise,
Indes Porphyro ihr ins Antlitz starrt,
Wie ein verwundert Kind der Ahn, die weise
Verschlossen noch ein Rätselbuch verwahrt,
Und am Kamine still und schweigend harrt;
Bald glänzt sein Blick, sie spricht auf sein Befragen
Von der Geliebten Vorsatz; und er spart
Die Thränen nicht, die ihm ins Aug' sich wagen,
Denkt er Madlenens Schlaf im Schoße alter Sagen.

Doch plötzlich treibt ins Antlitz ihm das Blut
Ein toller Plan, zu dem er sich vermißt,
Sein Herz klopft stürmisch, wie er's kund ihr thut.
Die Alte schreckt zurück vor solcher List:
»Grausamer Mann, wie gottlos du doch bist,
Stör unsrer süßen Frau nicht Traum und Schlaf.
Daß ich sie fern von solchen Menschen wüßt,
Mit ihren guten Engeln! Geh, so brav
Scheinst du nicht mehr zu sein, wie ich vordem dich traf.«

»Ihr Heiligen, ich thu ihr nichts zu leid!
Daß mein Gebet mich nie zur Gnade führe,
Bin ich zum letzten sterbend einst bereit,

If one of her soft ringlets I displace,
Or look with ruffian passion in her face.
Good Angela, believe me, by these tears;
Or I will, even in a moment's space,
Awake, with horrid shout, my foemen's ears,
And beard them, though they be more fang'd than wolves and bears.‹

›Ah! why wilt thou affright a feeble soul?
A poor, weak, palsy-stricken, churchyard thing,
Whose passing-bell may ere the midnight toll;
Whose prayers for thee, each morn and evening,
Were never miss'd.‹ Thus plaining, doth she bring
A gentler speech from burning Porphyro;
So woeful, and of such deep sorrowing,
That Angela gives promise she will do
Whatever he shall wish, betide her weal or woe.

Which was, to lead him, in close secrecy,
Even to Madeline's chamber, and there hide
Him in a closet, of such privacy
That he might see her beauty unespied,
And win perhaps that night a peerless bride,
While legion'd fairies paced the coverlet,
And pale enchantment held her sleepy-eyed.
Never on such a night have lovers met,
Since Merlin paid his Demon all the monstrous debt.

Wenn ich nur eine ihrer Locken rühre
Mit niedrer Glut ins Angesicht ihr stiere!
Laß diese Tränen Angela dich lehren;
Denn sonst, und wenn ich alles auch verliere,
Will ich voll Trotz zu meinen Feinden kehren,
Und wären wilder sie als Wölfe und als Bären.«

»Warum willst du mir Armen Schrecken bringen,
Mir schwachem Ding, das schon zum Kirchhof wankt,
Für die heut nacht die Totenglock mag klingen,
Die früh und spät sich betend um dich bangt?«
Bald hat sie von dem Stürmischen erlangt,
Daß er mit sanftrem Wort sich muß bescheiden.
Doch da sie sieht, wie er an Sehnsucht krankt,
Verspricht ihm Angela, wenn's nicht zu meiden,
Nach seinem Wunsch zu tun, bring's Freuden oder Leiden.

Die Bitte war, daß sie ihn im geheimen
Herein in Magdalenens Zimmer ließe,
Daß er verborgen lausche ihren Träumen
Und ihrer Schönheit Anblick dort genieße,
Die Unvergleichliche als Braut umschließe,
Indes ihr Bett umtanzt ein Feenreigen
Und süßer Zauber um ihr Auge fließe. –
Nie mocht Verliebten solche Nacht sich zeigen,
Seit sich Merlin ergab dem Zauberweib zu eigen.

›It shall be as thou wishest,‹ said the Dame:
›All cates and dainties shall be storèd there
Quickly on this feast-night: by the tambour frame
Her own lute thou wilt see: no time to spare,
For I am slow and feeble, and scarce dare
On such a catering trust my dizzy head.
Wait here, my child, with patience; kneel in prayer
The while. Ah! thou must needs the lady wed,
Or may I never leave my grave among the dead.‹

So saying, she hobbled off with busy fear.
The lover's endless minutes slowly pass'd,
The dame return'd, and whisper'd in his ear
To follow her; with aged eyes aghast
From fright of dim espial. Safe at last
Through many a dusky gallery, they gain
The maiden's chamber, silken, hush'd, and chaste;
Where Porphyro took covert, pleased amain.
His poor guide hurried back with agues in her brain.

Her faltering hand upon the balustrade,
Old Angela was feeling for the stair,
When Madeline, St. Agnes' charmèd maid,
Rose, like a mission'd spirit, unaware:
With silver taper's light, and pious care,
She turn'd, and down the aged gossip led
To a safe level matting. Now prepare,
Young Porphyro, for gazing on that bed;
She comes, she comes again, like ring-dove fray'd and fled.

»So wie du willst«, sprach sie, »soll es geschehen.
Ich will nur schnell noch Leckerbissen schichten
Zu diesem Fest. Die Laute, die wird stehen
Am Rahmen, wo sie stickt. Doch Zeit mit nichten
Bleibt mir. Kaum wag ich alles herzurichten
Mit meinem schwachen Kopf und altem Leibe.
Du magst mit Beten, Kind, die Zeit beschwichten.
Doch nimmst du sie gewiß zu deinem Weibe,
Daß ich am jüngsten Tag nicht gar im Grabe bleibe.

So schwatzend humpelt sie davon mit Eile.
Wie endlos die Minuten ihm vergehn!
Da kehrt sie schon zurück nach kleiner Weile
Und heißt ihn folgen. Ihre Augen spähn
Mit Furcht umher. Sie führt ihn auf den Zeh'n,
Bis sie nach dunklen Galerien und Ecken
Madlenens lauschig keusches Zimmer sehn,
Wo sich Porphyro glücklich darf verstecken,
Die Alte kehrt zurück, vor sich nur Todesschrecken.

Und wie sie tastend sich nicht vorwärts wagt,
Um nicht auf steiler Treppe auszugleiten,
Steht Magdalene, Agnes holde Magd,
Vor ihr gleichwie ein Geist; um sie zu leiten
Kehrt sie zurück, mit ihr herabzuschreiten,
Und führt mit frommer Sorgfalt sie gewichtig
Zum ebnen Flur. – Nun magst du dich bereiten!
Schau auf dies Bett Porphyro treu und züchtig!
Sie kehrt, sie kehrt zurück wie eine Taube flüchtig.

Out went the taper as she hurried in;
Its little smoke, in pallid moonshine, died:
She closed the door, she panted, all akin
To spirits of the air, and visions wide:
No utter'd syllable, or, woe betide!
But to her heart, her heart was voluble,
Paining with eloquence her balmy side;
As though a tongueless nightingale should swell
Her throat in vain, and die, heart-stifled, in her dell.

A casement high and triple-arch'd there was,
All garlanded with carven imageries,
Of fruits and flowers, and bunches of knot-grass,
And diamonded with panes of quaint device,
Innumerable of stains and splendid dyes,
As are the tiger-moth's deep-damask'd wings;
And in the midst, 'mong thousand heraldries,
And twilight saints, and dim emblazonings,
A shielded scutcheon blush'd with blood of
queens and kings.

Full on this casement shone the wintry moon,
And threw warm gules on Madeline's fair breast,
As down she knelt for Heaven's grace and boon;
Rose-bloom fell on her hands, together prest,
And on her silver cross soft amethyst,
And on her hair a glory, like a saint:
She seem'd a splendid angel, newly drest,

Die Kerze lischt bei ihrer eiligen Hast,
Ihr leichter Rauch verrinnt im Mondenlicht,
Sie schließt die Tür, der Atem stockt ihr fast,
Und geisterhaft erglänzt ihr Angesicht,
Die Lippe spricht kein Wort und seufzet nicht,
Nur daß aus ihrem Herzen eine Welt
Beredt zu ihrem Busen klopfend spricht,
Wie stimmberaubt umsonst die Kehle schwellt
Die Nachtigall im Tal und sterbend niederfällt.

Es ragt ein dreigeteilter Fensterbogen,
Umrahmt von holzgeschnitzten Bilderein,
Von Frucht- und Blumenschnüren reich durchzogen,
Und auf den Scheiben Muster, seltsam fein
In überreichem lichten Farbenschein,
Gleichwie des Schillerfalters bunte Glut;
Und mitten zwischen tausend Schilderein
Und Zwielicht-Heiligen, Heroldswappen ruht
Ein Herzschild glühend rot, getaucht in Königsblut.

Sieh, wie der Vollmond durch dies Fenster blinkt,
Ein Strahl hat rosig ihre Brust geküßt,
Da sie zum Himmel flehend niedersinkt,
Er streift die Hände, die sie hebt zu Christ,
Fällt auf ihr Silberkreuz wie Amethyst,
Will einen Heiligenschein ums Haar ihr weben.
Porphyro scheint, daß sie ein Engel ist,

Save wings, for heaven: – Porphyro grew faint:
She knelt, so pure a thing, so free from mortal taint.

Anon his heart revives: her vespers done,
Of all its wreathèd pearls her hair she frees;
Unclasps her warmèd jewels one by one;
Loosens her fragrant boddice; by degrees
Her rich attire creeps rustling to her knees:
Half-hidden, like a mermaid in sea-weed,
Pensive awhile she dreams awake, and sees,
In fancy, fair St. Agnes in her bed,
But dares not look behind, or all the charm is fled.

Soon, trembling in her soft and chilly nest,
In sort of wakeful swoon, perplex'd she lay,
Until the poppied warmth of sleep oppress'd
Her soothed limbs, and soul fatigued away.
Flown, like a thought, until the morrow-day;
Blissfully haven'd both from joy and pain;
Clasp'd like a missal where swart Paynims pray;
Blinded alike from sunshine and from rain,
As though a rose should shut, and be a bud again.

Stolen to this paradise, and so entranced,
Porphyro gazed upon her empty dress,
And listen'd to her breathing, if it chanced
To wake into a slumberous tenderness;
Which when he heard, that minute did he bless,

Dem nur die Schwinge fehlt, es macht ihn beben;
Sie kniet so rein, so frei von allem Erdenleben.

Sein Herz lebt auf: Die Vesper ist vollbracht.
Bald sind die Perlen aus dem Haar befreit,
Sie löst die warmen Edelsteine sacht
Und legt das duftige Mieder still beiseit.
Herab bis zu den Knien rauscht das Kleid;
Wie sich ins Schilf versteckt die Nixe schmiegt,
Steht sie und träumet eine kleine Zeit,
Daß Agnes selbst in ihrem Bette liegt;
Doch schaut sie nicht zurück, damit der Zauber siegt.

Bald zitternd in dem weichen, kalten Nest
Liegt regungslos im wachen Traum sie dort,
Bis auf die Glieder Schlaf sich niederläßt.
Er trägt die müde Seele mit sich fort,
Entflohn wie ein Gedanke zu dem Ort,
Wo Freud und Leid im Hafen glücklich endet,
Verschlossen wie zur Heidenzeit das Wort,
Von Sonnenschein und Regen abgeblendet,
Wie sich die Rose schließt und neu zur Knospe wendet.

Im Paradies, das er sich selbst gestohlen,
Starrt nun Porphyro auf ihr leeres Kleid
Und lauscht begierig auf ihr Atemholen,
Ob Schlummer ihr die süßen Träume leiht.
Dann segnet die Minute er, befreit,

And breath'd himself: then from the closet crept,
Noiseless as fear in a wide wilderness,
And over the hush'd carpet, silent, stept,
And 'tween the curtains peep'd, where, lo! –
how fast she slept!

Then by the bed-side, where the faded moon
Made a dim, silver twilight, soft he set
A table, and, half anguish'd, threw thereon
A cloth of woven crimson, gold, and jet: –
O for some drowsy Morphean amulet!
The boisterous, midnight, festive clarion,
The kettle-drum, and far-heard clarionet,
Affray his ears, though but in dying tone: –
The hall-door shuts again, and all the noise is gone.

And still she slept an azure-lidded sleep,
In blanchèd linen, smooth, and lavender'd,
While he from forth the closet brought a heap
Of candied apple, quince, and plum, and gourd;
With jellies soother than the creamy curd,
And lucent syrops, tinct with cinnamon;
Manna and dates, in argosy transferr'd
From Fez; and spicèd dainties, every one,
From silken Samarcand to cedar'd Lebanon.

These delicates he heap'd with glowing hand
On golden dishes and in baskets bright

Und atmet auf und schleicht aus dem Verstecke;
Stumm wie die Furcht in öder Einsamkeit
Huscht still er auf des Teppichs weicher Decke
Zum Vorhang hin, daß er den süßen Schlaf nicht wecke.

Und bei des Mondes Zwielicht stellt er drauf
Ein kleines Tischchen leise an ihr Bett
Und legt halb ängstlich eine Decke auf,
Gestickt mit reichem Purpur, Gold und Jett.
Hätt er nur für den Schlaf ein Amulett,
Denn von dem mitternächtigen Feste tönt
Die Pauke und das helle Klarinett
Ans Ohr ihm! Doch der letzte Ton verklingt,
Bis jede Tür sich schließt und Schweigen niedersinkt.

Noch liegt auf ihren Wimpern tiefer Schlaf,
In weicher, weißer, duftiger Linnen Mitten,
Indes zum Mahle er die Anstalt traf,
Die Äpfel holt, die Pflaumen und die Quitten
Und nicht vergißt den Fruchtsaft aufzuschütten
Und Manna, Spezerein aus fremdem Land
Und Datteln, die das ferne Fez bestritten,
Und Süßigkeiten, die der Kaufmann fand
Vom hohen Libanon zum seidnen Samarkand.

Geschäftig wird das alles aufgeschichtet,
In silbernen und goldnen Schalen schied

Of wreathèd silver: sumptuous they stand
In the retired quiet of the night,
Filling the chilly room with perfume light. –
›And now, my love, my seraph fair, awake!
Thou art my heaven, and I thine eremite:
Open thine eyes, for meek St. Agnes' sake,
Or I shall drowse beside thee, so my soul doth ache.‹

Thus whispering, his warm, unnervèd arm
Sank in her pillow. Shaded was her dream
By the dusk curtains: – 'twas a midnight charm
Impossible to melt as icèd stream:
The lustrous salvers in the moonlight gleam;
Broad golden fringe upon the carpet lies:
It seem'd he never, never could redeem
From such a stedfast spell his lady's eyes;
So mused awhile, entoil'd in woofèd phantasies.

Awakening up, he took her hollow lute, –
Tumultuous, – and, in chords that tenderest be,
He play'd an ancient ditty, long since mute,
In Provence call'd ›La belle dame sans mercy‹:
Close to her ear touching the melody; –
Wherewith disturb'd, she utter'd a soft moan:
He ceased – she panted quick – and suddenly
Her blue affrayèd eyes wide open shone:
Upon his knees he sank, pale as smooth-sculptured stone.

Er Leckerbissen, bis das Mahl gerichtet
Und köstlich nun in nächtiger Stille glüht,
Den kalten Raum mit Wohlgeruch durchzieht:
– »Wach auf, mein Lieb. Dein Traum soll sich erfüllen,
Du bist mein Himmel, ich dein Eremit;
Öffne die Augen um Sankt Agnes' willen,
Sonst schlummr' ich ein bei dir, die Seelenangst zu stillen.«

So flüstert er. Aufs Kissen schlaff und weich
Fiel nun sein Arm. Es hüllt ihr Traumgesicht
Der dunkle Vorhang wie ein Zauberreich,
Das schwer gleichwie des Stromes Eis zerbricht.
Am Silberzierrat spielt das Mondenlicht,
Das goldne Muster auf den Teppich goß;
Es war, als würde er im Leben nicht
Den Zauber brechen, der ihr Auge schloß.
So sann er, bis auch ihn das Traumgeweb umfloß.

Auffahrend griff er in der Laute Saiten, –
Bald sanft, bald wild ertönt die Harmonie, –
Ein langverklungnes Lied, genannt vor Zeiten
In der Provence, »La belle Dame sans Merci«.
Nah ihrem Ohr erklang die Melodie.
Da seufzt sie leise auf; er spielt nicht mehr,
Sie atmet schnell und plötzlich öffnet sie
Die blauen Augen, schaut erschreckt umher,
Er fällt aufs Knie so blaß, als ob von Stein er wär.

Her eyes were open, but she still beheld,
Now wide awake, the vision of her sleep:
There was a painful change, that nigh expell'd
The blisses of her dream so pure and deep.
At which fair Madeline began to weep,
And moan forth witless words with many a sigh,
While still her gaze on Porphyro would keep;
Who knelt, with joinèd hands and piteous eye,
Fearing to move or speak, she look'd so dreamingly.

›Ah, Porphyro!‹ said she, ›but even now
Thy voice was at sweet tremble in mine ear,
Made tunable with every sweetest vow;
And those sad eyes were spiritual and clear:
How changed thou art! how pallid, chill, and drear!
Give me that voice again, my Porphyro,
Those looks immortal, those complainings dear!
O leave me not in this eternal woe,
For if thou diest, my Love, I know not where to go.‹

Beyond a mortal man impassion'd far
At these voluptuous accents, he arose,
Ethereal, flush'd, and like a throbbing star
Seen 'mid the sapphire heaven's deep repose;
Into her dream he melted, as the rose
Blendeth its odour with the violet, –

Nun ist sie wach, doch will sie noch nicht missen
Des Schlafes Bild. Sie sieht es neu erscheinen,
Hat auch der Wechsel schmerzlich sie gerissen
Aus ihres Traumes Glück, dem tiefen, reinen,
So daß sie bitterlich beginnt zu weinen,
Und von den Lippen wirre Worte fliehen;
Doch sucht ihr Aug' Porphyros sich zu einen,
Der flehenden Blicks noch liegt auf seinen Knieen.
Er wagt kein Wort, ein Traum scheint noch um sie zu ziehen.

»Porphyro«, rief sie, »wie mir noch im Ohr
Das holde Zittern deiner Stimme blieb,
Da sie mir süßeste Gelübde schwor,
Dein traurig Auge blickte klar und lieb.
Wie bist du anders worden, blaß und trüb?
Gib, daß den seligen Blick ich wieder sehe,
Und deiner Stimme holde Klage gieb,
Verlaß mich nicht in diesem ewigen Wehe,
Denn stirbst du, Lieb, ich weiß nicht mehr, wohin ich gehe.«

Er sprang empor mit mehr als Leidenschaft,
Da diese weichen Klagen sie ergossen,
So glühend himmlisch, wie ein Stern mit Kraft
Vom ruhigen Himmelsblau herabgeschossen.
Nun ist sein Bild mit ihrem Traum verflossen,
Wie Rosen- sich mit Veilchenduft verbunden.

Solution sweet: meantime the frost-wind blows
Like Love's alarum pattering the sharp sleet
Against the window-panes; St. Agnes' moon hath set.

'Tis dark: quick pattereth the flaw-blown sleet,
›This is no dream, my bride, my Madeline!‹
'Tis dark: the icèd gusts still rave and beat:
›No dream, alas! alas! and woe is mine!
Porphyro will leave me here to fade and pine.
Cruel! what traitor could thee hither bring?
I curse not, for my heart is lost in thine,
Though thou forsakest a deceivèd thing; –
A dove forlorn and lost with sick unprunèd wing.‹

›My Madeline! sweet dreamer! lovely bride!
Say, may I be for aye thy vassal blest?
Thy beauty's shield, heart-shaped and vermeil-dyed?
Ah, silver shrine, here will I take my rest
After so many hours of toil and quest,
A famish'd pilgrim, – saved by miracle.
Though I have found, I will not rob thy nest,
Saving of thy sweet self; if thou think'st well
To trust, fair Madeline, to no rude infidel.

›Hark! 'tis an elfin storm from faery land,
Of haggard seeming, but a boon indeed:
Arise – arise! the morning is at hand; –

Da wirft der Wind ans Fenster scharfe Schlossen,
So wie der Liebe Weckruf mahnt der Stunden,
Die schnell entflohn. Schon ist Sankt Agnes' Mond
verschwunden.

Und dunkel ist's. Wie laut der Hagel prasselt!
– »Dies ist kein Traum, Madlene, meine Braut.«
Und dunkel ist's. Wie laut der Sturmwind rasselt!
– »Kein Traum? O weh mir, daß ich je vertraut!
Täuschst du, Porphyro, die auf dich gebaut?
Welch ein Verräter konnt dich zu mir bringen!
Ich fluch dir nicht, spricht doch mein Herz zu laut,
Wirst du mich Ärmste auch ins Elend zwingen,
Wie eine Taube krank und mit gelähmten Schwingen.«

»O Magdalene, süßer Träumer, sprich:
Darf ich nicht sein für immer dein Vasall?
Der Schönheit Schild, echt, unveränderlich?
Hier will ich ruhn am Altar meiner Wahl,
Wegmüder Pilger, den nach langer Qual
Ein Wunder rettet auf dem Weg, dem rauhen,
Der dich wohl fand und der dich doch nicht stahl,
Dem du dein süßes Selbst sollst anvertrauen,
Und glaub: nicht treulos ist, auf den du stets kannst bauen.

»Horch auf den Geistersturm aus Feenland;
So rauh er scheint, er hat uns Glück gebracht.
Steh auf, steh auf, der Tag ist bei der Hand

The bloated wassailers will never heed: –
Let us away, my love, with happy speed;
There are no ears to hear, or eyes to see, –
Drown'd all in Rhenish and the sleepy mead.
Awake! arise! my love, and fearless be,
For o'er the southern moors I have a home for thee.‹

She hurried at his words, beset with fears,
For there were sleeping dragons all around,
At glaring watch, perhaps, with ready spears.
Down the wide stairs a darkling way they found;
In all the house was heard no human sound.
A chain-droop'd lamp was flickering by each door;
The arras, rich with horsemen, hawk, and hound,
Flutter'd in the besieging wind's uproar;
And the long carpets rose along the gusty floor.

They glide, like phantoms, into the wide hall;
Like phantoms to the iron porch they glide,
Where lay the Porter, in uneasy sprawl,
With a huge empty flagon by his side:
The wakeful bloodhound rose, and shook his hide,
But his sagacious eye an inmate owns:
By one, and one, the bolts full easy slide: –
The chains lie silent on the footworn stones;
The key turns, and the door upon its hinges groans.

Und niemand von den wüsten Zechern wacht.
O laß uns fort mein Lieb, geschwind und sacht!
Kein Ohr hört uns, kein Aug' späht in die Weite,
Denn trunken hat der Rheinwein sie gemacht;
Erwach, steh auf, laß alle Furcht beiseite,
Daß überm fernen Moor ich dir ein Heim bereite.«

Sie eilt bei seinem Wort von Furcht ergriffen;
Sind auch die Drachen rings vom Schlaf gebunden,
Ist doch vielleicht für sie ein Speer geschliffen. –
Bald ist ihr dunkler Weg herabgefunden;
Kein Laut ertönt im Haus in diesen Stunden,
Sie sehn an jeder Thüre Fackeln lauschen;
Die Gobelins, reich gestickt mit Falk und Hunden
Bewegen flatternd sich im Sturmesrauschen,
Das sich den Teppich selbst läßt auf der Diele bauschen.

Sie gleiten wie Phantome durch den Raum,
Und wie Phantome zu den Gitterschranken.
Dort wälzt der Wächter rastlos sich im Traum,
Die Flasche neben sich, aus der sie tranken.
Der Bluthund reckt sich wachsam in den Flanken,
Sein kluger Blick erkennt die Herrin bald,
Der Riegel weicht, die Eisenketten schwanken,
Nun liegen auf dem Stein sie stumm und kalt,
Indes durchs öde Haus des Tores Knarren schallt.

And they are gone: ay, ages long ago
These lovers fled away into the storm.
That night the Baron dreamt of many a woe,
And all his warrior-guests with shade and form
Of witch, and demon, and large coffin-worm,
Were long be-nightmared. Angela the old
Died palsy-twitch'd, with meagre face deform;
The Beadsman, after thousand aves told,
For aye unsought-for slept among his ashes cold.

Nun sind sie fort. Vor langen, langen Jahren
Floh dieses Liebespaar durch Nacht und Wind.
Der Ritter hat im Traum manch Leid erfahren
In dieser Nacht samt Gästen und Gesind;
Denn Nachtgespenster, daß das Blut gerinnt,
Und ekeles Gewürm kam angekrochen!
Krampfhaft verzerrt starb Angela geschwind;
Da tausend Paternoster er gesprochen,
Ward unvermißt, vom Tod der Bruder unterbrochen.

Ode to a Nightingale

My heart aches, and a drowsy numbness pains
   My sense, as though of hemlock I had drunk,
Or emptied some dull opiate to the drains
   One minute past, and Lethe-wards had sunk:
'Tis not through envy of thy happy lot,
   But being too happy in thy happiness, –
      That thou, light-wingèd Dryad of the trees,
         In some melodious plot
   Of beechen green, and shadows numberless,
      Singest of summer in full-throated ease.

O for a draught of vintage, that hath been
   Cool'd a long age in the deep-delvèd earth,
Tasting of Flora and the country green,
   Dance, and Provençal song, and sunburnt mirth!
O for a beaker full of the warm South,
   Full of the true, the blushful Hippocrene,
      With beaded bubbles winking at the brim,
         And purple-stainèd mouth;
   That I might drink and leave the world unseen,
      And with thee fade away into the forest dim:

Fade far away, dissolve, and quite forget
   What thou among the leaves hast never known,
The weariness, the fever, and the fret

Ode an die Nachtigall

Mich schmerzt das Herz, Betäubung hält in Haft
Die Sinne mir, als hätte ich getrunken
Bis auf die Neige giftigen Mohnes Saft
Und wäre dann in Lethes Flut gesunken:
Es ist nicht Neid auf dein glückselig Los,
Zu sehr hab ich mit dir dein Glück gefühlt –
O leichtbeschwingte Dryas du der Bäume!
  Im grünen Blätterschoß
Der Birke, wenn ihr Schatten dich umkühlt,
Singst du vollkehlig deine Sommerträume.

O einen Trunk des Weins, der in der Kühle
Gelagert lang in tiefgewölbter Erde,
Daß Blumen, Waldesgrün ich wieder fühle,
Tanz, Minnesang und Sommerlust mir werde!
O einen Becher voll vom Süden bringt,
Vom Naß der Hippokrene soll er glühn,
Wo bis zum Rand mit Perlenschaumgefunkel
  Der feuchte Purpur winkt;
Den möcht ich trinken, dann der Welt entfliehn,
Mit dir hinschwinden in des Waldes Dunkel.

Hinschwinden fern! Vergessen und versenken,
Was man auf deinem Zweig dich nie gelehrt;
Die Müdigkeit, das Fieber und das Kränken,

Here, where men sit and hear each other groan;
Where palsy shakes a few, sad, last grey hairs,
Where youth grows pale, and spectre-thin, and dies;
Where but to think is to be full of sorrow
And leaden-eyed despairs;
Where Beauty cannot keep her lustrous eyes,
Or new Love pine at them beyond to-morrow.

Away! away! for I will fly to thee,
Not charioted by Bacchus and his pards,
But on the viewless wings of Poesy,
Though the dull brain perplexes and retards:
Already with thee! tender is the night,
And haply the Queen-Moon is on her throne,
Cluster'd around by all her starry Fays;
But here there is no light,
Save what from heaven is with the breezes blown
Through verdurous glooms and winding mossy ways.

I cannot see what flowers are at my feet,
Nor what soft incense hangs upon the boughs,
But, in embalmèd darkness, guess each sweet
Wherewith the seasonable month endows
The grass, the thicket, and the fruit-tree wild;
White hawthorn, and the pastoral eglantine;
Fast-fading violets cover'd up in leaves;
And mid-May's eldest child,
The coming musk-rose, full of dewy wine,
The murmurous haunt of flies on summer eves.

Hier, wo man nur des andern Seufzer hört;
Wo letzte graue Haare Schwäche schüttelt,
Wo Jugend blaß, gespenstisch wird und stirbt;
Wo nur zu denken voll sein heißt von Sorgen,
  Wo uns Verzweiflung rüttelt,
Wo auch der Schönheit heller Glanz verdirbt,
Den Liebe kaum betrauert bis zum Morgen.

Fort! Fort von hier! Denn zu dir will ich dringen,
Und nicht entführt von Bacchus' Parderwagen
Nein, auf der Dichtung unsichtbaren Schwingen,
Kann auch das dumpfe Hirn es noch nicht tragen:
Schon bin ich bei dir! Lieblich ist die Nacht,
Auch Luna fehlt auf ihrem Throne nicht,
Von allen ihren Sternenfeen umdrängt;
  Doch hier, hier ist kein Licht,
Als das der Wind vom Himmel hergebracht,
Das sich durch dichtes, grünes Dickicht zwängt.

Ich sehe nicht die Blumen mir zu Füßen,
Nicht welch ein Wohlgeruch am Baume hängt,
Doch in balsamischer Luft ahn' ich die süßen,
Die alle uns der Frühlingsmond geschenkt,
Die er in Dickicht, Baum und Gras erschloß:
Der Weißdorn und die wilde Rose blüht,
Und Veilchen, die sich in die Blätter schmiegen,
  Des Maien erster Sproß,
Die Anemone, die, von Tau umsprüht,
Ein summend Nest wird allen Sommerfliegen.

Darkling I listen; and for many a time
  I have been half in love with easeful Death,
Call'd him soft names in many a musèd rhyme,
  To take into the air my quiet breath;
Now more than ever seems it rich to die,
  To cease upon the midnight with no pain,
    While thou art pouring forth thy soul abroad
      In such an ecstasy!
  Still wouldst thou sing, and I have ears in vain –
    To thy high requiem become a sod.

Thou wast not born for death, immortal Bird!
  No hungry generations tread thee down;
The voice I hear this passing night was heard
  In ancient days by emperor and clown:
Perhaps the self-same song that found a path
  Through the sad heart of Ruth, when sick for home,
    She stood in tears amid the alien corn;
      The same that oft-times hath
  Charm'd magic casements, opening on the foam
    Of perilous seas, in faery lands forlorn.

Forlorn! the very word is like a bell
  To toll me back from thee to my sole self.
Adieu! the fancy cannot cheat so well
  As she is famed to do, deceiving elf,
Adieu! adieu! thy plaintive anthem fades
  Past the near meadows, over the still stream,

Im Dunkeln lausch' ich; oft hab ich gezollt
Fast Liebe ihm, dem Friedensbringer Tod,
Rief ihn mit Schmeichelnamen süß und hold,
Mich sanft zu lösen von des Lebens Not;
Nun mehr als je scheint es mir reich zu sterben,
Sich mitternächtig, schmerzlos zu verzehren,
Da deine Seele auf Gesangesflügel
    Ausströmt in seligem Werben!
Du würdest singen, ich könnt dich nicht hören –
Wär für dein Requiem ein Rasenhügel.

Du Hehre warst nicht für den Tod geboren!
Kein hungriges Geschlecht tritt dich danieder.
Die Stimme, die ich höre, sang den Ohren
Von Narr und Kaiser einst dieselben Lieder:
Vielleicht war es der gleiche Klang, der leise
Zum Herzen Ruths sich stahl, als heimwehkrank
Inmitten fremden Korns sie weinend stand;
    Oft war es deine Weise,
Die ins Gemach des Zauberschlosses drang,
Das meerumrauscht ins Feenland verbannt.

Verbannt! Wie eine Glocke tönt dies Wort,
Das mich von dir zur Einsamkeit verweist!
Leb wohl! Die Phantasie täuscht uns nichts fort,
Was man auch von ihr rühmt, trugvoller Geist!
Leb wohl! Leb wohl! Dein Klagelied entschwindet,
Auf Strom und Wiesen fern hört man es kaum,

Up the hill-side; and now 'tis buried deep
In the next valley-glades:
Was it a vision, or a waking dream?
Fled is that music: – do I wake or sleep?

Bis auch der letzte Ton sich birgt, der schwache,
  Dort, wo das Tal sich windet:
War es ein Trugbild, war es wacher Traum?
Ich weiß nicht, ob ich schlafe oder wache. –

Bright star! would I were stedfast as thou art –
   Not in lone splendour hung aloft the night
And watching, with eternal lids apart,
   Like Nature's patient, sleepless Eremite,
The moving waters at their priestlike task
   Of pure ablution round earth's human shores,
Or gazing on the new soft fallen mask
   Of snow upon the mountains and the moors –
No – yet still stedfast, still unchangeable,
   Pillow'd upon my fair love's ripening breast,
To feel for ever its soft fall and swell,
   Awake for ever in a sweet unrest,
Still, still to hear her tender-taken breath,
And so live ever – or else swoon to death.

Glanzvoller Stern! wär ich so stet wie du,
Nicht hing ich nachts in einsam stolzer Pracht!
Schaut' nicht mit ewigem Blick beiseite zu,
Einsiedler der Natur, auf hoher Wacht
Beim Priesterwerk der Reinigung, das die See,
Die wogende, vollbringt am Meeresstrand;
Noch starrt ich auf die Maske, die der Schnee
Sanft fallend frisch um Berg und Moore band.
Nein, doch unwandelbar und unentwegt
Möcht' ruhn ich an der Liebsten weicher Brust,
Zu fühlen, wie es wogend dort sich regt,
Zu wachen ewig in unruhiger Lust,
Zu lauschen auf des Atems sanftes Wehen –.
So ewig leben – sonst im Tod vergehen!

La Belle Dame sans Merci

O what can ail thee, knight-at-arms,
Alone and palely loitering?
The sedge is wither'd from the lake,
And no birds sing.

O what can ail thee, knight-at-arms,
So haggard and so woe-begone?
The squirrel's granary is full,
And the harvest's done.

I see a lily on thy brow
With anguish moist and fever dew,
And on thy cheeks a fading rose
Fast withereth too.

I met a lady in the meads,
Full beautiful – a faery's child,
Her hair was long, her foot was light,
And her eyes were wild.

I made a garland for her head,
And bracelets too, and fragrant zone,
She look'd at me as she did love,
And made sweet moan.

La Belle Dame sans Merci

Was fehlt dir, armer blasser Wicht,
  Du zauderst einsam, scheinst verirrt?
Das Schilfrohr welkte längst am See,
  Kein Vogel girrt.

Was fehlt dir, armer blasser Wicht,
  So hager und so wehverstört?
Eichkätzchens Speicher ist gefüllt,
  Das Feld geleert.

Ich seh die Lilie auf der Stirn
  Von Angst und Fiebertau so feucht.
Die blasse Rose deiner Wang,
  Auch sie verbleicht. –

Ich traf ein Weib auf dieser Au,
  So wunderschön, ein Feenbild,
Ihr Haar war lang, ihr Fuß war leicht,
  Ihr Auge wild.

Ich setzte sanft sie auf mein Roß,
  Sah sie nur, bis die Sonne schied;
Am Wege lehnte sie und sang
  Ein Feenlied.

I set her on my pacing steed
  And nothing else saw all day long,
For sidelong would she bend, and sing
  A faery's song.

She found me roots of relish sweet,
  And honey wild, and manna dew,
And sure in language strange she said –
  ›I love thee true!‹

She took me to her elfin grot,
  And there she wept and sigh'd full sore,
And there I shut her wild, wild eyes
  With kisses four.

And there she lullèd me asleep,
  And there I dream'd – ah! woe betide!
The latest dream I ever dream'd
  On the cold hill's side.

I saw pale kings and princes too,
  Pale warriors, death-pale were they all;
They cried – ›La Belle Dame sans Merci
  Hath thee in thrall!‹

I saw their starved lips in the gloam,
  With horrid warning gapèd wide,
And I awoke and found me here,
  On the cold hill's side.

Mit Blumen kränzte ich ihr Haupt,
Die Arme und den Leib so hehr,
Sie sah mich an, als liebte sie,
Und seufzte schwer.

Sie suchte Wurzeln, Honigseim
Und süßen Mannatau für mich;
Und seltsam klang es, wie sie sprach:
Treu lieb ich dich.

Zur Elfengrotte zog sie mich
Und sah mich an und seufzte tief.
Da küßt ich ihr die Augen zu, –
Lang, bis sie schlief.

Da lagen wir auf weichem Moos,
Da träumte ich – weh, welchen Traum?
Den letzten, den ich je geträumt
Am Hügelsaum:

Es zogen Krieger totenbleich
Und blasse Könige heran;
Sie schrien: »La Belle Dame sans Merci
Hält dich im Bann!«

Im Zwielicht sah die Lippen ich
Sich warnend öffnen, schaurig bang.
Da wacht' ich auf und fand mich hier
Am kalten Hang.

And this is why I sojourn here,
    Alone and palely loitering,
Though the sedge is wither'd from the lake,
    And no birds sing.

Und darum bin ich hier so bleich,
Und zaudre einsam und verirrt,
Wenn auch am See das Schilf verwelkt,
Kein Vogel girrt!

Bibliographische Notiz

Das Vorwort von Jane Campion in der Übertragung von Ursula Gräfe erschien hier in deutscher Sprache in: *Bright Star. Die Geschichte von John Keats und Fanny Brawne.* it 3487. Insel Verlag Frankfurt am Main und Leipzig 2009.

Dem 1986 bei Matthes & Seitz erschienenen Band: John Keats, *Briefe an Fanny Brawne* folgen: John Keats: Briefe an Fanny Brawne (1819-1820). Aus dem Englischen von Adolf Girschick. John Keats: Briefe an Freunde (1817-1820). Aus dem Englischen von Christa Schuenke. Joseph Severn: Briefe an John Taylor (1821). Aus dem Englischen von Wulf Teichmann.

Die Gedichte »›Fürcht' ich, daß frühem Tod mein Sein verfällt‹«, »Ode an die Nachtigall«, »Glanzvoller Stern! wär ich so stet wie du« und »La Belle Dame sans Merci« wurden dem insel taschenbuch 2180 entnommen: Ganz mein Herz dir hingegeben. Gedichte der englischen Romantik. Herausgegeben von Norbert Kohl. Aus dem Englischen von Marie Gothein. Insel Verlag Frankfurt am Main und Leipzig 1998. Das Gedicht »St. Agnes Abend« stammt aus: Marie Gothein, *John Keats. Leben und Werke.* Band II. Max Niemeyer Verlag, Halle a. S. 1897.

Die englischen Gedichte wurden der Ausgabe entnommen: Keats Poetical Works. Edited by H.W. Garrod. Oxford University Press, Oxford 1956.

Vielleicht hätte ich John Keats' Gedichte gar nicht gelesen, wenn ich mich nicht davor gefürchtet hätte, ein Drehbuch zu verfassen, in dem der Held wie ein Dozent für kreatives Schreiben wirken würde. Also beschloß ich, meine Kenntnisse der englischen Dichtung und Literatur zu erweitern, bevor ich mit der Arbeit an meinem Skript begann. Als erstes kaufte ich mir die Keats-Biographie von Andrew Motion und machte mich an die Lektüre. Es handelt sich um ein sehr dickes Buch, und so lernte ich zwangsläufig eine Menge über John Keats und seine Gedichte.

Interessiert arbeitete ich mich durch die erste Hälfte der Biographie. Die Philosophie, die sich mir daraus erschloß, überraschte mich. Motions Analysen der frühen Gedichte von Keats las ich mehrmals. Völlig unvorbereitet war ich jedoch auf die zweite Hälfte des Buches, in der die unvergleichlich rührende und herzzerreißende Liebesgeschichte zwischen John Keats und Fanny Brawne geschildert wird. Nahezu alle Belege für diese Liebesbeziehung stammten aus einer Quelle: aus Keats' Briefen an das Mädchen, das er liebte. Es waren keine gewöhnlichen Briefe, sondern die erstaunlich offenen Bekenntnisse eines der jüngsten und größten Dichter der englischen Romantik.

Ich finde die Geschichte von Keats und Fanny unendlich romantischer und trauriger als *Romeo und Julia*, weil sie sich wirklich zugetragen hat. Beinahe unmerklich ergriff ein Gedanke von mir Besitz: Sollte ich seine Geschichte in einem Film erzählen? Doch sofort verwarf ich ihn wieder. Wer las heutzutage überhaupt noch Gedichte? Zusätzlich entmutigte mich die Erkenntnis, daß ich die Verse nicht richtig verstand oder mir – wie bei *Endymion* oder *Hyperion* – die klassischen Bezüge fehlten. Wie sollte ich einen Film über Keats machen, wenn ich sein Werk nicht begriff?

Dennoch gab ich den Gedanken nicht vollständig auf, aber er nahm auch keine konkrete Gestalt an. Während der vierjährigen Filmpause, die ich zwei Jahre später einlegte, wurde mir bewußt, daß Keats und Fanny mich als eine Art verschwommener und flüchtiger Tagtraum verfolgten.

Jane Campion
Die Geschichte von John Keats und Fanny Brawne

John Keats war dreiundzwanzig Jahre alt, als er der achtzehnjährigen Fanny Brawne begegnete und die beiden sich ineinander verliebten. Die in diesem Band versammelten Gedichte sowie die erhaltenen neununddreißig Briefe an Fanny sind ein ergreifendes Zeugnis dieser zärtlichen, leidenschaftlichen und tiefen Liebe. Es war eine erste Liebe, wie die meisten von uns sie erträumen, auch wenn sie auf beinahe unerträglich tragische Weise endete.

In Gesellschaft und sogar vor seinem Bruder hatte sich Keats stets spöttisch und distanziert über die romantische Liebe geäußert. Auch als er im Herbst 1818 Fanny Brawne kennenlernte, bemühte er sich, seine Zuneigung zu verheimlichen. Zugleich schien er sie zu genießen. »Wie soll ich Euch Miss Brawne beschreiben?« schrieb er an seinen Bruder und seine Schwägerin. Und fuhr fort: »Sie hat etwa meine Größe – ihre Erscheinung ist zart auf eine längliche Art – ihren Zügen mangelt es an Gefühl – sie ist imstande, ihr Haar vorteilhaft zu frisieren – ihre Nasenflügel sind fein, wenn auch etwas beunruhigend […] aber sie ist unwissend – und schlägt in ihrem ganzen Benehmen grauenhaft über die Stränge – vor kurzem war ich sogar gezwungen, das Wort ›Hexe‹ zu verwenden – dennoch liegt dies, so glaube ich, nicht an einem angeborenen Makel, sondern eher an ihrer Vorliebe für Eleganz und Extravaganz. Allerdings habe ich diese Art von Eleganz gründlich satt und werde mich gegen jede weitere Demonstration davon verwahren –«.

Keats war der großen Liebe seines Lebens begegnet, doch weder ihm noch Fanny war dies bewußt. In seinen Sätzen sind die Energie und die gelöste Heiterkeit spürbar, mit denen er Miss Brawne kühler und zugleich spielerischer Prüfung unterzog. Sie stand unter seiner Beobachtung.

Die junge Frau war in Hampstead ebenso bekannt für ihre modische Erscheinung wie für ihre ›Bonmots‹. Ihr Onkel – Beau Brummel – war der Dandy des Tages, und es ist sehr gut möglich, daß er die Manie seiner Nichte für die neueste Mode unterstützte. Das Wort »außergewöhnlich«, so ein Zeitgenosse, traf in jeder Hinsicht auf Fanny zu. Sie war – wie Keats – nur knapp über einen Meter fünfzig groß, keck und angriffslustig. Keats war seinem kleinen Alter ego begegnet, und innerhalb eines Jahres schrieb er ganz anders über sie.

> Möchte ruhn ich an der Liebsten weicher Brust,
> Zu fühlen, wie es wogend dort sich regt,
> Zu wachen ewig in unruhiger Lust,
> Zu lauschen auf des Atems sanftes Wehen –
>
> (*›Glanzvoller Stern!‹*)

Was war geschehen? Keats hatte sich unsterblich verliebt. Es gibt kaum Hinweise auf den Beginn der Beziehung, da er Fanny in den Briefen an seinen Bruder oder seine Schwester so gut wie gar nicht mehr erwähnt und an sie selbst in jener Zeit nicht geschrieben hat. Das war auch nicht notwendig, denn Fanny Brawne und John Keats lebten beide in Hampstead und gehörten einem kleinen und engen Kreis an. Mrs. Brawne war Witwe und bei Keats' bestem Freund Charles Brown sowie der Familie Dilkes, mit der Brown im selben Haus lebte, beliebt und gern gesehen. Als die Familie Brawne im Frühling 1819 die Haushälfte der Dilkes übernahm, wohnten Fanny und John unter einem Dach, benutzten gemeinsam den Garten und aßen vermutlich auch öfter zusammen.

Jener Frühling war die produktivste Zeit in John Keats' Dichterleben. Er schrieb *St. Agnes Abend, Isabella oder der Basilikumtopf, La Belle Madame sans Merci, Ode an Psyche, Ode auf eine griechische Urne, Ode an die Nachtigall, Ode auf die Melancholie* und *Ode an den Müßiggang.*

Neben der Liebe trugen wohl auch andere Faktoren zu Keats' schöpferischer Periode bei. Im Dezember zuvor war sein jüngerer Bruder Tom gestorben. Er hatte den erst Neunzehnjährigen gepflegt, der Blut hustete und zunehmend schwächer und elender wurde. Es gab niemanden, der dem jungen John Keats dabei hätte zur Seite stehen können. Die Eltern waren tot, und sein Bruder George war mit seiner Frau nach Amerika ausgewandert. Als Keats sich von der tiefsten Niedergeschlagenheit erholt hatte, erlebte er eine Zeit der Inspiration, in der er schreiben konnte. Charles Brown hatte darauf bestanden, daß Keats bei ihm wohnte, und damit seine finanzielle Misere gemildert. Der Dichter befand sich ausnahmsweise bei guter Gesundheit, es war Frühling, und er war dabei, sich zu verlieben.

Unter diesen recht ungewöhnlichen Umständen kamen Fanny und Keats sich näher. Vermutlich wußten beide, daß ihre finanzielle Lage eine Heirat ausschloß. Immerhin konnten sie sich ungehindert treffen und hatten häufig Gelegenheit, »sich zu zanken und wieder zu versöhnen«. Vielleicht dachten sie auch gar nicht so sehr an die Zukunft. Die gutmütige Mrs. Brawne hatte jedenfalls keinen Grund, mißtrauisch zu werden. Fanny war ebenso wie ihre Mutter daran interessiert, sich gut zu verheiraten. Außerdem machte sie sich nichts aus Lyrik, sondern zog leichte Romane und Politik vor. Keats' Freund Brown hingegen sah die Sache ganz anders. Ihm fiel Keats' wachsende Zuneigung auf, und er wies den Freund immer wieder auf die mögliche Gefahr für seine Laufbahn hin, falls es Fanny gelänge, ihn einzufangen. In Browns Augen war sie Keats in keiner Weise ebenbürtig.

Im Frühsommer 1819 verließen die beiden Freunde Hampstead und zogen sich für längere Zeit auf die Insel Wight zurück, um ungestört schreiben zu können. Brown vermietete seine Haushälfte und finanzierte so die Reise. Keats und Fanny waren also getrennt. Bereits nach einer Woche traf sein erster Brief an Fanny ein. Noch heute vermittelt er eine erstaunliche Präsenz, wirkt wie ein Kuß oder die Berührung einer Hand. Immer wieder las Fanny die Worte, die sie bald auswendig konnte und ihr ganzes

Leben lang hütete wie einen Schatz: »Frag Dich selbst, Liebste, ob es von Dir nicht sehr grausam ist, mich so gefesselt, meine Freiheit so zerstört zu haben.« – »Ich wünsche beinahe, wir wären Schmetterlinge und lebten nur drei Sommertage – drei solche Tage mit Dir könnte ich mit mehr Entzücken füllen als fünfzig gewöhnliche Jahre jemals enthalten könnten.« (John Keats an Fanny Brawne, 1. Juli 1819) Auch in die folgenden Briefe ließ Keats sein ganzes Herzblut fließen. Er verhöhnte sich selbst, flehte, zeigte sich verletzlich, humorvoll, zärtlich und verblüffend aufrichtig.

Fanny war derart unglücklich über Keats' Abreise, daß sie erkrankte, im wahrsten Sinne des Wortes »liebeskrank« wurde. Es wurde Hochsommer, bis Keats sich über seine Lage im Klaren war. Er hatte nichts – weder das Geld noch wenigstens die Aussicht darauf –, das ihn in die Lage versetzt hätte, Fanny zu heiraten. Sein erster Gedichtband hatte sich kaum verkauft und ihm überdies grausame Kritiken eingetragen. Er schrieb eine kurze Nachricht an Fanny, mit der er ihre Beziehung beendete.

Als Brown nach Wentworth Place zu den Brawnes zurückkehrte, begleitete Keats ihn nicht. Er wollte sich ein Quartier in Westminster in der Nähe der Dilkes, doch fern von Fanny suchen. Allerdings war sein Entschluß nicht von Dauer. Als Keats und Fanny sich wiedersahen, erkannte er, daß die Trennung ihrer Liebe keinen Abbruch getan, im Gegenteil: sie sogar vertieft hatte. »Ich kann ohne Dich nicht bestehen. Ich vergesse alles, außer Dich wiederzusehen«, schrieb er. Und zwei Tage darauf: »Du hast mich aufgesogen. Ich habe im gegenwärtigen Augenblick das Empfinden, als ob ich mich auflöste.« Kurz darauf fügte er hinzu: »Beim Erwachen von meinem dreitägigen Traum – ich würde gern den Würfel auf Liebe oder Tod werfen. Ich habe mit nichts anderem Geduld.« (John Keats an Fanny Brawne, 13. Oktober 1819)

Keats zog nach Hampstead zurück, um wieder neben Fanny zu wohnen. Er schenkte ihr den Granatring seiner Mutter. Ungeachtet aller Proteste von Mrs. Brawne und ihren Freunden betrachtete sich das junge Paar nun als verlobt. Sobald die beiden allein waren, steckte Fanny sich den Ring, den sie vor anderen nur am Mittelfinger trug, an den Ringfinger. Die Beziehung wurde noch enger. In der Hoffnung, er würde genügend Erfolg haben, um endlich heiraten zu können, arbeitete Keats wie besessen an einem neuen Gedichtband.

Im Februar 1820 ging Keats ohne Wintermantel in die Stadt und kehrte erst spät zurück, durchgefroren und mit Fieber. Er schwankte so sehr, daß Brown ihn für betrunken hielt. Im Bett mußte er husten, und als er einen Blutstropfen auf dem Bettzeug sah, sagte er zu Brown: »Ich kenne die Farbe dieses Blutes; es ist Arterienblut. Dieser Blutstropfen ist mein Todesurteil, ich muß sterben.« In dieser Nacht bekam er eine starke Lungenblutung, an der er fast erstickt wäre. Sein einziger Gedanke galt Fanny. Der Arzt äußerte die Ansicht, Keats' unerfüllte Liebe trage zur Verschlimmerung der Krankheit bei. Um seiner Gesundheit willen hielt man ihn nun von Fanny fern. Brown mißbilligte die Beziehung noch immer und befürwortete die Trennung sehr. Doch die Liebenden kommunizierten durch Botschaften, und Fanny »zeigte sich im Garten«, während Keats sich auf einer Liege in seinem Zimmer erholte. »Ich glaube, Du hältst Dich besser nicht lange bei mir auf, wenn Mr. Brown daheim ist. Wann immer er ausgeht, kannst Du Deine Arbeit bringen«, schrieb er ihr.

Anfangs glaubte Keats zuversichtlich an die Möglichkeit einer vollständigen Genesung, doch als sich die Krankheit immer mehr in die Länge zog und weitere Blutungen auftraten, begann er zu verzweifeln. Seine einst verspielten und liebevollen Briefe und Botschaften an Fanny wurden rührselig und paranoid. Zu allem Überfluß verschlechterte sich Browns finanzielle Lage so dramatisch, daß Keats gezwungen war, sich eine andere Unterkunft zu suchen. Brown hatte ein Verhältnis mit einem Hausmädchen, und sie war schwanger.

Inzwischen vertraten sämtliche Ärzte die Meinung, es sei Keats' einzige Überlebenschance, England zu verlassen und den Winter in Italien zu verbringen. Fanny wünschte sich verzweifelt, ihn zu begleiten, was jedoch unmöglich war. In seinem letzten Monat in England schleppte sich der fiebernde Keats krank und verzagt nach Wentworth Place zurück. Mrs. Brawne akzeptierte, daß Fanny und Keats sich verlobt hatten, und versprach Keats, daß er Fanny heiraten und bei ihnen leben dürfe, wenn er im nächsten Frühjahr zurückkehrte. Sie hatten Mrs. Brawne für sich gewonnen. Vielleicht hielt sie seine Rückkehr auch für sehr unwahrscheinlich. Die Brawnes erfreuten sich an Keats' Gesellschaft und ernährten und umsorgten ihn.

Der Tag seiner Abreise nach Italien war unerträglich und unwirklich für Fanny. Immer wieder fragte sie: »Gibt es ein anderes Leben? [...] Es muß eins geben, wir können nicht zu solchen Leiden geschaffen sein.« (John Keats an Charles Brown, 28. September 1820) Am Pond Street Depot in Hampstead nahmen Fanny und Keats voneinander Abschied. Später schilderte Leigh Hunt, der Keats damals begleitete, ihre äußere Gefaßtheit, obwohl »keiner von beiden die Hoffnung hegte, den anderen in diesem Leben wiederzusehen«.

Keats schrieb nie wieder an Fanny. Er konnte es nicht. Zu Brown sagte er: »Ich kann ertragen, daß ich sterbe, ich kann es nicht ertragen, sie zu verlassen. [...] Mein lieber Brown, was soll ich tun? Wo kann ich Trost oder Linderung finden? Wenn ich noch eine Aussicht auf Heilung hätte, diese Leidenschaft würde mich töten.« (John Keats an Charles Brown, 1. November 1820)

Keats' letzte Briefe an seinen Freund Brown zu lesen ist schmerzlich und stimmt traurig. Der Gedanke an Fanny und die Angst vor dem nahenden Tod, der sie für immer trennen würde, quälten ihn. Fannys Briefe sind nicht erhalten. Die, die sie nach Italien schrieb, wurden Keats ungeöffnet mit ins Grab gegeben.

Es war ein schrecklicher Augenblick, als Fanny von seinem Tod erfuhr. Die Zwanzigjährige schnitt sich das Haar ab und trug drei Jahre lang Schwarz wie eine Witwe, während sie auf den Wegen, die sie einst mit Keats gegangen war, Hampstead Heath durchstreifte. Mit dreiunddreißig Jahren erst heiratete sie. Sie bekam drei Kinder und erreichte ein hohes Alter. Die Briefe, die Keats ihr geschrieben hatte, wurden fünfzehn Jahre nach ihrem Tod herausgegeben und erregten einigen Anstoß. Man warf Keats Unmännlichkeit und mangelnden Anstand vor, obwohl die Briefe natürlich nie dazu bestimmt gewesen waren, von jemand anderem als Fanny gelesen zu werden. Es ist ergreifend, an der Intimität und rückhaltlosen Aufrichtigkeit teilzuhaben, mit der Keats sich seiner jungen Liebsten offenbarte. Die Liebe warf Keats aus der Bahn. Der junge Mann, der zwei Jahre zuvor noch darüber gespottet hatte, war wie verwandelt. Nun vermochte er mit der einzigen Autorität über die Liebe zu schreiben, die er jemals anerkannte – die der eigenen Erfahrung. Keats ergab sich Fanny vollkommen. Sie waren Seelenverwandte, nichts auf dieser Welt konnte sie trennen. Voller Phantasie umspannen sie sich mit einem dichten Netz aus Liebe, das ihre Zuneigung und Nähe verstärkte, auch wenn ihre Freunde dies mißbilligten.

Obgleich Keats so sehr unter seiner Sehnsucht nach Fanny gelitten hat, kann man nicht wünschen, daß seine Liebe maßvoller gewesen wäre. Er starb mit fünfundzwanzig Jahren, heftiger geliebt, als die meisten von uns es je sein werden.

Alles – die Gedichte, die Briefe, die Liebesgeschichte –

ist Teil der besonderen Alchemie, die Keats auszeichnete und ihn Generationen von Lesern nahe brachte. Der junge Mann, der in der verzweifelten und festen Überzeugung starb, vergessen zu werden, ist seither mehrmals wiederentdeckt worden. Vielen Menschen ermöglichten seine Gedichte den ersten Zugang zur Lyrik. Ein großer Teil von Keats' magischer Anziehungskraft verdankt sich seiner Lebensgeschichte. Vor einigen Jahren, nachdem ich in den Sog von Andrew Motions bewegender Biographie geraten war, der mich in die Welt des Dichters Keats zog, las ich Keats' Briefe und Gedichte, sprang zwischen beiden hin und her. Die Briefe waren frisch, intim und respektlos, als wäre ihr Schreiber anwesend und spräche zu mir. Zudem waren sie erfüllt von seiner Philosophie, Begriffen wie dem »Tal der Seelenbildung« (*Vale of Soul-making*) oder der »Negativen Befähigung« (*Negative Capability*).

Schließlich schrieb ich ein Drehbuch für eine aus Fannys Perspektive erzählte Liebesgeschichte. In dieser Zeit traf ich mich mit Andrew Motion und sogar mit einer Urururenkelin von Fanny. Mein Spielfilm *Bright Star* kam 2009 ins Kino.

Danke Keats, danke Fanny, ruhet in Frieden.

»Zärtlich ist die Nacht.«

»Jane Austen ist eine meiner liebsten Autorinnen.«
Helen Fielding

Fanny Price, Kind verarmter Eltern, wächst bei ihrem reichen Onkel in Mansfield Park auf. Zwar mag es ihr an »feiner Bildung« mangeln, nicht jedoch an Courage, der Welt aus Eitelkeiten und Standesdünkel die Stirn zu bieten. Und während sie sich damit nicht nur Freunde macht, gibt es einen, ihren Cousin Edward, der sie gerade für ihre unverstellte Art bewundert – ob das aber auch für die Liebe reicht?

»Einmal im Leben sollte jede das Recht haben, aus Liebe zu heiraten.«
Jane Austen

Jane Austen, Mansfield Park. Roman. Aus dem Englischen von Angelika Beck. insel taschenbuch 4569. 566 Seiten

NF 369/1/1.17

Ein Klassiker für eine neue Generation

Die junge Jane Eyre tritt eine Stelle als Gouvernante auf dem entlegenen Landsitz Thornfield Hall an – und sie verliebt sich unsterblich in den Herrn des Hauses, den verschlossenen, aber faszinierenden Edward Rochester. Er erwidert ihre Gefühle leidenschaftlich, doch ein schreckliches Geheimnis bedroht das Glück ...
Mit der klugen, charakterstarken Jane Eyre schuf Charlotte Brontë eines der bewegendsten Frauenporträts der Weltliteratur. Der Roman gilt als fiktive Autobiografie der Autorin.
»Charlotte Brontë (1816-1855) gelang 1847 mit *Jane Eyre* der Durchbruch als Schriftstellerin. Melanie Walz hat diesen Liebes- und Bildungsroman einer rebellischen Gouvernante [...] neu übersetzt und mit einem klugen Nachwort versehen. Erstaunlich, welche Modernität Jane Eyres Geschichte ausstrahlt und wie es Brontë glückt, aus ihrer Hauptfigur keine Salonheldin, sondern eine reflektierte Frau zu machen, die für ihre Sache – und die ihrer Geschlechtsgenossinnen – zu kämpfen versteht.« *Rainer Moritz*

Charlotte Brontë, Jane Eyre. Roman. Aus dem Englischen von Melanie Walz. insel taschenbuch 4725. 652 Seiten.

NF 474/1/3.19

Das Paradestück der Kunst Virginia Woolfs in neuer Übersetzung

Orlando ist jung, gutaussehend – und seine Schönheit soll niemals vergehen. Ein Wunsch, der ihm zum Schicksal wird: Er durchlebt beinahe vier Jahrhunderte und vier verschiedene Lebensentwürfe, ohne merklich zu altern.

In diesem furiosen Roman, als Biographie getarnt, geben sich die literarischen Genres ein lustvolles Stelldichein. Sprachlicher Übermut und Stilsicherheit halten sich unübertroffen die Waage.

Nach zwanzig Jahren liegt hier eine glanzvolle moderne Neuübersetzung vor, die erstmals den Ton des Originals trifft. Melanie Walz gelingt es, dieses Paradestück der Kunst Virginia Woolfs zu neuem Leben zu erwecken und ein unvergessliches Leseerlebnis zu schaffen, dessen Faszination und mitreißender Zauber unverwüstlich sind.

Virginia Woolf, Orlando. Aus dem Englischen von Melanie Walz. Roman. insel taschenbuch 4238. 304 Seiten.

NF 248/1/4.15

Von der Autorin des Bestsellers
Die Buchhandlung

»Was ich gesucht, habe ich gefunden, / Was ich fand, das fand auch mich.«
Friedrich von Hardenberg, besser bekannt als Novalis, ist 22, als er Sophie von Kühn erstmals trifft – eine Viertelstunde, die über sein Leben entschieden hat, wie er später seinem Bruder gestehen wird. Hals über Kopf hat er sich verliebt und verlobt sich schon bald mit »Söphgen«.
Für den romantischen Dichter ist die viel Jüngere seine blaue Blume, die Verkörperung seiner Poesie und all seiner Sehnsucht. Doch das Glück steht unter keinem guten Stern: Sophie erkrankt an Tuberkulose …
Penelope Fitzgerald erzählt die dramatische Liebesgeschichte des Paares, dessen Schicksal bis heute berührt, und sie zeigt Novalis in einem neuen Licht.

Penelope Fitzgerald, Die blaue Blume. Roman. Aus dem Englischen von Christa Krüger. Mit einem Nachwort von Candia McWilliam. insel taschenbuch 4718. 250 Seiten.

NF 471/1/3.19